思索
사색은 나라를 생각하고(思) 나를 찾자(索)라는 뜻이다.

무지·무위·무욕

노자 · 노자익 강해

김홍호 사상 전집 · 노장사상 1

무지·무위·무욕
노자 · 노자익 강해

교재 『노자권재구의』

제2권

김홍호

사색

경서는 언제나
보편적인 진리성과
절대적인 권위성을 지니고 있다.
그러나 변화하는 역사 속에서
그 진리성과 권위성을 계속하기 위해서는
현실 사회를 이 진리로 살려낼 수 있는
새로운 해석이 필요하다.

이러한 새로운 해석이 없으면
진리는 독단이 되고
권위는 억압이 되어
생명은 질식되고
사회는 생기를 상실케 된다.

진리는 새로운 해석을 통하여
계속 보편성을 유지해야 하고
권위는 새로운 실천을 통하여
계속 절대성을 유지해가야 한다.

김흥호 『사색』 115호에서

머리말

노자老子는 본질직관本質直觀이고, 장자莊子는 근본경험根本經驗이라고 나는 생각한다. 4차원의 세계란 말이다. 시간·공간을 초월한 말이지, 시간·공간에 붙잡힌 말이 아니다.

노자 1장에 도가도道可道는 비상도非常道란 말이 있다. 우리가 알 수 있는 존재는 진짜 존재가 아니라는 것이다. 존재는 우리가 알 수 있는 세계보다 훨씬 높은 세계. 하늘은 올라갈 수 있는 세계가 아니다. 우리가 하늘을 알 수 있는 것은, 하늘이 날 찾아 내려와야 짐작할 수가 있다.

노자 6장에서는 하나님을 곡신谷神이라고 한다. 없이 계신 하나님이란 말이다. 노자는 이것을 무극無極이라 한다. 없고 없는 하나님, 절대무絶對無다. 마치 어머니가 주고주고 주다가 자기는 숨어버리는 것과 같다. 무위자연無爲自然이다. 그것을 하이데거는 에르아이그니스(Ereignis)라 한다. 절대무다. 인간은 절대무에서 걸려오는 말을 듣게 된다. 이것이 본질직관이다. 이때 인간의 영성이 깨어난다. 하이데거는 노자를 영성이 깨어난 사람으로 보았다. 하이데거는 노자를 가장 사랑했다고 한다.

노자는 우주를 허이불굴虛而不屈 동이유출動而愈出이라 한다. 텅 비어 있지만 계속 솟아나오는 것이 무위자연이다. 노자는 그것을 사랑이라고 한다.

노자는 사랑의 철학이다. 모든 만물을 살리면서 자기는 없어져버리는 사랑의 철학이다. 노자 81장 모두 사랑의 표현이다. 상선약수上善若水가 대표적이다. 노자의 도는 사랑이란 말이다. 사랑은 말할 수 있는 세계가 아니다. 주고주고 자기는 숨어버리는 에르아이그니스의 세계다.

공자는 노자를 용龍으로 비유한다. 용은 모든 만물에게 비를 내려주고 자기는 숨어버리는 존재다. 노자의 사상을 옛날부터 무위자연無爲自然 겸하부쟁謙下不爭 청정염담淸淨恬淡 장생불사長生不死라고 하였다. 물 철학이다. 구름이 되고, 비가 되고, 호수가 되고, 강물이 되는 사랑의 철학이다.

사마천司馬遷은 노자의 사상을 무위자화無爲自化 청정자정淸淨自正 허무인응虛無因應이라고 하였다. 마치 거울처럼 텅 비어 있지만 모든 사람으로 하여금 자기를 바로잡게 하는 그것이 무위자화다.

노자를 중국 사람들은 어머니 철학이라고 하여 여성숭배사상을 일으켰다. 중국의 여성들이 존경받는 것은 노자 때문이다.

노자는 기독교에 가장 가까운 철학이다. 사랑은 아무것도 하는 것이 없는데 하지 않는 것이 없다. 무위이무불위無爲而無不爲다. 없이 계신 하나님, 그것이 사랑이다.

노자의 지知는 근원지요 절대지다. 태양처럼 물물物物을 비치는 진지眞知다. 진지는 사랑의 지다. 노자의 무無는 없단 말이 아니라 사랑이란 말이다.

기독교에서는 사랑을 '있고 있다' 라고 표현하고, 도교에서는 사랑을 '없고 없다' 라고 표현한다. 플러스라고 표현하나 마이너스라고 표현하나 영은 언제나 +- 제로다. 플러스, 마이너스를 초월해야(생멸멸이生滅滅已) 영의 세계, 진리의 세계에 도달한다(적멸위락寂滅爲樂). 진리의 세계만이 사랑의 세계이기 때문이다. 진리의 세계는 본질직관이요, 사랑의 세계는 근본경험이다. 노자는 본질직관을 강조하고, 장자는 근본경험을 강조한다. 모두 다 사랑의 철학이다. 인류를 구원하겠다는 진정이 노장老莊을 통해서 토로된다.

공자는 인仁이 무엇인가라는 질문에 72가지로 설명한다. 노자는 사랑이 무엇인가라는 질문에 81번 답한다. 기독교는 하나님을 사랑이라 하고, 노자는 도를 사랑이라 한다. 도나 하나님이나 모두 영이기 때문이다. 영은 영원한 생명이다. 영은 죽음과는 아무 상관이 없다. 물에 비친 그림자처럼 거울이 깨져도 얼굴은 깨지지 않는다. 적멸위락이다. 영은 언제나 영원한 생명이다.

키르케고르는 나는 누구인가라는 물음에 나는 정신이다라고 대답한다. 정신은 무엇인가. "나 자신에 관계하는 관계다." '나 자신'은 하나님이요, '관계하는'은 사랑을 받는 것이고, '관계'는 아들이다. 우리는 하나님의 아들이다. 우리는 정신이다. 우리는 영이다. 우리는 적멸(진리)이다. 진리는 영원히 죽지 않는다. 하나님의 아들이기 때문이다.

나는 누구인가. 하나님의 아들이다. 하나님이 사랑이기에 나도 사랑이다. 노자가 찾은 것은 하나님뿐이요 사랑뿐이다. 그것이 영원한 생명이요 도다.

길은 한없이 긴 영원한 생명이다. 끊어지면 길이 아니다. 다리라도 놓아 이어져야 길이다. 길은 영원한 생명의 표현이다. 노자는 이것을 사랑이라고 한다. 사랑은 영원한 생명이다. 물이 만물을 살리듯이 계속 살릴 뿐 물은 끊어지는 법이 없다. 사랑이기 때문이다.

2010년 6월 1일

김흥호

권재의 노자

　권재鬳齋는 노자를 형이상학이라고 단정한다. 주역에 형이상자위지도形而上者謂之道 형이하자위지기形而下者謂之器란 말이 있다. 도道는 0·1·2로 사는 것이고, 기器는 3·4·5·6으로 사는 것이다. 0은 절대자를, 1은 철인을, 2는 이상세계를 말한다.
　소크라테스는 길을 가다가도 하나님의 말씀이 들려오면 길을 가지 않고 멈추어 서서 그 말을 듣는다. 어떤 때는 24시간 동안 서있는 때도 있었다. 소크라테스는 하나님의 말씀을 들음으로써 철인이 된다. 소크라테스는 아테네를 이상국가로 만들기 위해 최선을 다한다. 플라톤은 『국가』라는 작품으로 소크라테스의 이상국가를 그려낸다.

불교에서는 절대자와의 만남을 유심연기唯心緣起라 하고, 철인을 불佛이라 하고, 이상세계를 이실법계理實法界라고 한다. 선禪에서는 절대자와 만남을 심心이라 하고, 철인을 불佛이라 하고, 이상세계를 물物이라고 한다. 심불물이 절대자와 만남, 철인, 이상세계다.

권재는 노자를 형이상학으로 본다. 절대자와 철인과 이상세계다. 권재는 노자 81장을 절대자, 철인, 이상세계의 반복으로 본다. 그는 '절대자·철인·이상세계'가 27번 반복된 것으로 생각한다. 노자 1장은 절대자이고, 2장은 철인이고, 3장은 이상세계다. 4장은 철인, 5장은 이상세계, 6장은 절대자로, 순서가 좀 바뀌는 때도 있지만 언제나 절대자와 철인과 이상세계의 내용은 마찬가지나.

공자는 노자를 용龍에 비유한다. 비를 내릴 수 있게 하는 철인을 말한다. 비룡어천飛龍於天, 용은 하늘에 속해 있는 동물이다. 노자는 소크라테스처럼 하나님의 말씀을 들을 수 있는 철인이었을 것이다. 공자는 중국을 인의예지仁義禮智의 도덕국가로 만들려고 했지만 노자는, 절대자의 도움을 받는 철인이 다스리는 이상국가를 만들려고 했다.

그러나 노자가 살던 시대는 때가 너무 기울어졌다. 하늘의 뜻을 살리는 철인은 간데없고 악마들의 암투만이 세상을 소란스럽게 한다. 노자는 때가 너무 늦은 것을 한탄하며 함곡관을 넘어서 서쪽으로 망명을 간다. 다행히 관윤의 청탁을 받고 노자 81장을 남긴다. 노자는 인도에 가서 석가가 되었다고 한다. 그만큼 노자의 사상은 석가의 사상과 가깝다. 모두 남방의 사상이기 때문이다.

노자의 사랑은 어머니의 사랑이다. 물 같은 사랑이다. 물이야말로 일체를 살리는 근본사랑이다. 기독교는 아버지의 사랑을 강조하고, 노자는 어머니의 사랑을 강조한다. 모두 사랑을 강조하기는 마찬가지다. 하나님의 사랑을 받는 철인이 나라를 다스려야 이상세계가 된다.

노자 81장은 철인정치를 27번 강조하는 것뿐이라고 권재는 생각한다. 노자의 철인정치는 권재에 의하여 다시 강조된다. 노자의 꿈이 실현되었으면 얼마나 좋았을까.

유영모 선생님께서는 노자를 가장 사랑하셨다. 한 주일에 한 번씩 선생님 댁에서 강의를 하셨다. 아침 7시에 시작하여 오후 2시 반까지 계속되었다. 교재는 노자익이었다. 나는 신촌에서 걸어갔고, 함석헌 선생은 오류동에서 걸어왔다. 지금 생각하면 그때가 가장 행복한 때였다. 유영모 선생님께서는 노자를 기독교에 가장 가까운 사상이라고 하셨다.

2011년 4월 25일
김 흥 호

차 례

머리말　　6
권재의 노자　　10

일러두기　　15
노자·권재·현재　　18

제4장 철인은 누구인가?　　23

제5장 넉넉한 나라　　47

제6장 곡신谷神, 어머니 신神　　79
　　　노자철학의 뿌리　　108~114

제7장 남을 헤아리는 사람　　123

제8장 어머니는 물과 같다　　147

제9장 자족自足　　169

제10장 통일지란 하나가 되는 것이다　　191

제11장 무無란 무엇인가?　　227

제12장 사람의 길　　　245

찾아보기　256

일러두기

1. 이 책은 저자가 이화여대 대학교회 연경반에서 2004년 11월 21일부터 2006년 4월 30일까지 모두 47회 강의한 것을 풀어낸 것이다.

2. 이 책의 구성은 교재 『노자권재구의』에 대한 저자의 해석, 그리고 저자가 발췌한 『노자익』(초횡)에 나오는 주해들 및 기타 자료들에 대한 해석으로 이루어져 있다.

3. 교재: 임희일, 『노자권재구의老子鬳齋口義』, 승여일僧如一 교校, 《무구비재無求備齋 노자집성老子集成》, 초편初編 12, 엄영봉嚴靈峯 편집, 대북: 예문인서관인행藝文印書館印行. (권재는 임희일의 호다.)

4. 저자는 노자익의 발췌를 위해 다음의 책들을 사용했다.
초횡, 『노자익老子翼』, 대북: 광문서국인행, 중화민국 51년/74년.
초횡, 『노자익·장자익』, 혜풍학회 편, 한문대계 9, 대북: 신문풍 출판공사, 중화민국 72년.
김탄허, 『도덕경道德經』, 현토역주懸吐譯註, 전 2권, 서울: 도서출판 교림, 1983.
위의 책에서 발췌한 주해들은 각주에 출전을 표시하지 않았다. 그 외의 인용들은 각주에서 출전을 밝혔다.

5. 『노자권재구의』 전문은 원문에 있는 대로 방점을 붙이고, 『노자익』도 원문대로 방점을 붙였다.

6. 권재의 주해에는 '권재구의'라는 제목을 붙였고, 그 밖의 주해는 '소자유의 주', '여길보의 주' 등 주해자의 이름을 붙였다.

7. 저자는 『노자익』의 주해들과 보충자료들을 매 강의 때마다 화선지

두 폭에 붓글씨로 써서 벽걸이에 걸어놓고 강의했다. 이것은 저자가 주요 핵심어와 문장들 중심으로 발췌한 내용으로서 이 책에서는 이 발췌본을 실었다.

8. 이 책은 저자의 강의대로 노자 81장의 순서를 따라 장별로 편집하였고, 강의의 횟수와 날짜를 각주에 표시하였다.

9. 이 책의 본문 편집은 먼저 원문인 한문 텍스트를 싣고, 한 줄 한 줄 해설해갈 때는 한글발음을 앞에 놓았고, 그 뒤에 한문을 붙였다. 텍스트가 짧을 경우는 한글발음을 처음부터 붙이고 반복을 피했다.

10. 이 책의 모든 각주는 편집자에 의한 것이다. 각주에서 사용한 자료는 주로 『표준국어대사전』(국립국어원)과 인터넷 사전들인데 이에 대한 각주는 생략했다. 그 밖의 것은 출전을 밝혔다.

11. 녹취과정에서 녹음이나 녹화 상태가 분명치 못한 부분은 저자가 보충하였다.

12. 동서양 경전의 제목에는 기본적으로 겹낫표(『 』)를 하지 않았지만 문맥상 필요한 곳에는 표시했다. 각 문장부호의 사용은 다음과 같다.

『 』 책 제목
「 」 책 속의 문집이나 작품명
〈 〉 장이나 절의 제목을 문장 가운데서 말할 때
" " 인용문
' ' 강조
· 대등하거나 밀접한 관계인 단어의 나열
— 부연하거나 보충할 때

13. 이 책이 완성되기까지 여러분의 도움이 있었다.

* 강의의 녹음 및 녹화: 김성준
* 『노자권재구의』의 연경반 교재 제작 및 파일 제공: 김진주
* 붓글씨 교재 파일 제공: 서양중
* 녹취: 남희정, 연경반 회원들
* 녹취된 원고에 컴퓨터로 한문 입력: 강언규, 김성호, 김영철, 김종래, 남희정, 양옥남, 이석재, 차인섭, 최정식, 황루시.
* 인쇄교정: 경장현, 김선숙, 이석재, 이윤식.
* 표지 디자인: 조정현, Mark L.

14. 페이지 편집, 교열, 교정 및 총괄작업: 이경희, 임우식.

노자老子 · 권재鬳齋 · 현재鉉齋

노자老子는 BC 604년경 중국 춘추전국시대 초나라 고현에서 태어났다고 한다. 그의 직업은 주나라 왕실의 도서관인 수장실의 사관이었다고 『사기』에 전한다. 노자 「도덕경」 오천 언은 주나라가 기울게 되자 노자가 서역으로 가기 위해 국경인 함곡관을 지나다 그곳 관령인 윤희의 부탁으로 짓게 된 글이라 한다.

『사기』에 공자(BC 551~479)가 노자를 낙양으로 찾아가 만났다는 기록이 있는데 그때가 공자는 30대, 노자는 80대 쯤 되는 것 같다. 노자가 함곡관을 떠날 때는 그 후가 아닐까. 노자는 도덕경 오천 마디를 관령에게 적어주고 서역을 향해 사라졌다. 후세 사람들은 노자는 인도에 가서 석가가 되었다 그러기도 하고, 또는 160세, 200세를 넘게 살았다고도 한다. 그렇게 노자는 전설이 되었다.

권재鬳齋 임희일林希逸(1193~1271)은 중국 남송시대 사람이다. 그는 유불도의 사상을 섭렵하고, 주역, 춘추전과 불경인 유마경, 능엄경 등을 강의했고 그 강의서들을 남겼다. 노장학으로는 노자 강의서인 『노자권재구의』, 장자 강의서인 『장자권재구의』가 있고, 『열자권재구의』까지 써서 이 세 『권재구의』를 소위 『삼자권재구의』라 일컫고 있다. 이 『삼자권재구의』는 우리나라 조선뿐 아니라 일본에도 알려졌다. 『노자권재구의』는 송나라 이종황제 경정景定 2년, 서기 1261년의 저술이다.

우리나라에서는 조선 시대에 『삼자권재구의』가 많이 읽혀졌다고 하는데 이러한 책들이 조선의 유교적인 학문 풍토에 어떤 영향을 미쳤고, 어떻게 평가됐는지 학계의 연구가 궁금하다.

우리나라 조선조에서 읽혀졌던 『노자권재구의』의 판본 가운데는 금속활자 경자자庚子字(세종 2년, 1420년)의 인쇄본이 남아있는데, 그것은 2010년 6월 28일 문화재청에 의해 보물 제1655호로 지정되어 청주 고인쇄 박물관에 소장되어 있다. 그러나 이 연경반 강의의 교재 본은 아니다.

권재는 어린 시절부터 도교에 관심이 많았고, 불교의 교종, 선종에도 깊이 심취하여 공부했다. 권재는 유불도 3교에 모두 통달한 사람으로 육식을 금하고 마늘 넣은 음식은 먹지 않았다고 한다. 송나라 이종황제가 권재에게 보낸 편지를 보면 권재의 인품과 사상은 상당한 경지에 있었던 것 같다.

현재鉉齋 김흥호金興浩(1919. 2. 26~2012. 12. 5)는 1948년 정인보 선생으로부터 양명학을 접하게 되고 같은 해에 유영모 선생을 만나 근원적인 문제에 몰두하여 주역, 노자 등 동양철학에 매진했다. 1954년 3월 17일 깨달음을 얻고, 스승 유영모로부터 현재鉉齋라는 호를 받았다. 현재는 계시라는 뜻이다. 이 깨달음 후에 그는 더욱 정진하여 일식一食·일좌一坐·일인一仁·일언一言의 실천생활을 시작했다. 동시에 유교 3년, 불교 3년, 노장사상 3년, 기독교 3년이라는 계획을 세워 철저하게 독파해 나갔다. 불교를 공부할 때는 참선을 같이 했다. 그는 1954년 9월부터 평생 일식을 하면서 진리의 체득과 실천의 중요성을 무엇보다 강조했다. 이러한 행의 하나로 고전 강독을 45년간 해온 것이다. 이 책은 그 강독 중의 하나다.

이 책에서는 참으로 흥미로운 언어 텍스트들 간의 시간성을 만날 수 있다. 그것은 노자의 도덕경 텍스트(BC 7세기 경)와 권재의 노자 해석 텍스트(1261년), 그리고 현재 김흥호가 그 두 텍스트들에 대해 해석하는 현재의 텍스트(2013년 출판 기준)로 구성되어 있다는 점이다. 각 텍스트들이 갖는 시간의 변화를 염두에 두고 그 해석이 재창조되어가는 과정을 간파할 수 있다면 경전으로부터 얻는 지혜 외에도 2600년간 이어지는 한 편의 인간 정신의 역사적 드라마를 보는 셈이다. 그것은 아무나 쉽게 만들어낼 수 없는 드라마일 것이다.

결국 이 책의 저자 현재 김흥호는 지금으로부터 2600년 전의 노자가 써놓은 1차 텍스트(도덕경)를 해석하는 동시에 노자로부터 약 1800년 후에 쓰인 노자에 대한 권재의 해석(노자권재구의), 즉 2차 텍스트를 해석하는 것이다. 이 책은 3차 텍스트이다. 우리가 이 모두를 읽고 나름대로 이해하고 느끼고 실천하며 살아간다면 이 또한 4차 텍스트가 아닐까.

노자 오천 언은 권재에 의해 문을 열고 나와, 권재의 해석이 되어 현재를 만나고, 동양과 서양이 함께 어우러져 있는 이 21세기 세상에서 현재에 의해 현실적이고도 구체적인 한국어가 되어 우리의 삶을 들여다보고 있다. 그것은 수천 년이 지난 지금의 대한민국 현실 속에서 재해석되어 마치 동시대인이 우리에게 말하고 있는 것처럼 생생한 공감과 반성과 통찰의 가르침을 주고 있는 것이다. 노자가 쓴 오천 마디의 한문자들을 이렇게 우리가 읽고 음미할 수 있다는 사실도, 권재가 써놓은 한문들이 지금 이렇게 우리말로 풀이되어 가까이 접할 수 있다는 사실도 모두 신기하고 놀라운 경험이 아닐 수 없다.

이 책을 편집하고 만들어가면서 노자를 통해 세상을 다시 보게 되고, 권재의 주해에 감탄하고, 현재의 해석에서는 기쁨을

느낄 수 있었다. 2600년간의 인간 지성의 깊이가 어떻게 고스란히 나의 현실이 될 수 있는지 이 책은 노자, 권재, 현재가 한 자리에 모여 우리를 생각의 향연으로 끌어들이고 있는 것이다.

편집자 주

제4장

철인은 누구인가?

생사라고 하는 모순을 통일한 사람,
그 사람이 철인이다.

第四章 道沖

道沖. 而用之或不盈. 淵乎. 似萬物之宗.
挫其銳. 解其紛. 和其光. 同其塵.
湛兮. 似若存. 吾不知誰之子. 象帝之先.

1장은 도道에 대해서, 2장은 성인聖人에 대해서, 3장은 이상세계에 대해서 말했죠.[1] 1장은 절대자, 2장은 철인, 3장은 이상세계, 이렇게 되죠. 4장, 5장, 6장, 이것도 마찬가지인데 순서가 바뀌어서 철인, 이상세계, 절대자, 이렇게 돼요.

철인은 무위無爲에요. 무위라는 건 소위 독립이지. 철인은 자기가 딱 서서 여기에도 기울어지지 않고, 저기에도 기울어지지 않고 독립할 수 있는 사람이죠. 그런 사람이 대통령이지. 치우치면 안 되죠.

기독교로 말하면 성부가 절대자, 예수 그리스도는 성자, 철

---

1. 〈제7강 2005년 3월 13일〉

인이지, 그리고 성령이 이상세계, 성령이 내리면 거기가 이상세계예요. 예수하고 그리스도가 통일된 사람, 그게 예수 그리스도죠. 예수 즉 그리스도요, 그리스도 즉 예수죠. 이 예수하고 그리스도는 모순이거든. 이 모순이 통일된 사람, 이걸 우리가 예수 그리스도, 이렇게 말해요.

불교식으로 말할 땐 불이ㅈ라. 아니 불不 자, 두 이二 자. 그래서 불이법문不二法門 그러죠. 불이법문 그러면 이것도 아니고, 저것도 아니고 하나다 이 소리거든. 설악산 올라갈 때도 내 설악에서 대청봉 올라가려면 불이법문이 아니고 뭐라 그러든가? 그런 데가 있어요. 거길 올라가야 대청봉이 돼. 대청봉이라고 하는 건 언제나 불이二죠.

불생불멸不生不滅, 이섯노 같은 말이거든. 불생과 불멸, 이 불不, 불不 하는 게 뭔가 하면 생멸을 초월했다 이거거든. 생멸이라고 해도 생과 사를 초월한 거지. 그런데 생과 사라는 게 뭔가? 이게 모순이거든. 살지 않으면 죽기고, 죽지 않으면 살기고. 이게 모순이거든. 아내가 남편을 죽이려 했다, 이게 모순이거든. 이 생사라고 하는 모순을 여기 꼭지점에서 통일한 사람, 이것이 철인이거든. 예수하고 그리스도를 통일한 사람이 성자지, 그거 갈리는 사람은 성자가 아니야. 내가 자꾸 산꼭대기를 좋아하는데, 그 산꼭대기라는 건 동도 아니고, 서도 아니고, 요 꼭대기거든.

유교에서는 이것을 중中이라고 해요. 중용中庸이라고 하는 중 자가 여기서 나와요. 이 중이라는 건 요 꼭대기, 초월한 거죠. 불교의 반야심경에 보면 이걸 공空이라 그래요. 제법공상諸法空相 불생불멸不生不滅 부증불감不增不減 불구부정不垢不淨이죠. 한마디로 말하면 '모순의 자기 통일'이라는 거죠.

자, 그래서 제4장에는 이 말들이 다 들어가 있어요.

도충에서, 충을 중中이라 그럽시다. 도충道沖 이용지혹불영而用之或不盈, 이것은 절대자다.

연호淵乎 사만물지종似萬物之宗, 이것은 철인이다.

좌기예挫其銳 해기분解其紛 화기광和其光 동기진同其塵, 이것은 이상세계다.

담혜湛兮, 즐거울 담湛, 편할 담, 맑을 담, 이상세계다. 즐겁고 편안하고 깨끗하다. 사약존似若存, 정말 사는 것 같다. 이거 이상세계에 대해서 말하는 거죠. 이상세계는 모든 사회의 제일 꼭대기에요.

도충道沖. 이용지혹불영而用之或不盈.

도道는 여러 가지로 비유하지요. 보통 '말씀 도'라 하는데, 그럴 때는 절대자를 말하기보다 철인을 말하는 거지요. 철인도 도라고 하죠. 태초에 말씀이 있으니라고.

그런데 여기서 도 그럴 때는 그냥 '길 도'로 해석합시다. 길이라고 하는 것은 충沖, 텅 비었다는 거지요. 길이라고 하는 건 텅 비었어. 텅 비어야 길이지, 꽉 막혀서는 길이 아니다.

이용지而用之, 그렇게 돼야 길이라고 하는 것이 얼마든지 쓸 수 있지. 혹或, 혹시라도 차면 안 되지. 길이라고 하는 건 그냥 뚫려야지. 하나님은 어떤 분인가? 그냥 뚫린 분이라. 하나님이란 막힌 데가 없고 그냥 뚫린 분이지. 도충道沖, 도라고 하는 건 텅 비었어. 용지用之, 자동차가 얼마든지 다닌다.

이건 소위 진공묘유眞空妙有라는 거죠. 진공이 되니까 묘유지. 얼마든지 쓸 수 있는 거지. 진공이란 자기가 없다는 거지. 자기가 없으니까 얼마든지 다른 사람을 사랑할 수 있는 거다. 하나님은 자기가 없어. 자기가 없으니까 모든 만물을 사랑할 수 있는 거지. 그래서 진공묘유라 이렇게 되죠. 도충이용지道沖而用之야. 도는 뚫렸으니까 얼마든지 쓸 수 있는 거야.

혹불영或不盈, 혹시라도 차면 안 돼. 오늘 오는데 청계천, 거기 오니까 길이 딱 막혔어요. 못 가게 해. 그래서 할 수 없이 돌아서 퇴계로로 해서 왔어요. 그렇게 오지 않았으면 오늘 늦을 뻔했어요. 혹불영或不盈이 되어야 하는데 딱 찼다 이거지.

우리 몸속에 숨 쉬는 기도氣道, 이 기도도 언제나 통해야지, 막히면 죽어. 소화기도 그래. 소화기도 막히면 죽는 거지. 우리 혈관, 혈관도 막히면 죽는 거지. 뭐든지 막히면 죽는 거야. 막히지 않으면 사는 거지. 절대자의 성품은 어떤 건가? 절대자는 절대 막히는 법이 없어. 뻥 뚫렸어. 그렇기 때문에 모든 사람을 살려줄 수가 있다.

연호淵乎. 사만물지종似萬物之宗.

연호淵乎, 이건 철인을 바다로 비유해서 연 자를 쓴 거죠. 난 늘 산으로 비유하니까 연淵 자를 깊을 연 자로 보지 말고 높을 연 자로 봅시다. 성인은 한없이 높은 거야. 보통 사람은 쳐다보기 어려울 정도로 높아. 사만물지종似萬物之宗, 모든 만물 중에 최고야. 종이라고 하는 건 최고라는 거죠. 에베레스트야. 우리가 화엄경 공부할 때, 부처는 어떤 건가? 에베레스트라 그랬거든. 그게 화엄경 맨 처음에 나오는 얘기죠. 그럼 성인은 뭘 하나?

좌기예挫其銳. 해기분解其紛. 화기광和其光. 동기진同其塵.

좌기예挫其銳, 언제나 자기의 날카로움을 없이하고. 사랑으로, 이 소리지요. 사랑으로, 물처럼, 물이라고 하는 게 날카로운 것이 없거든. 해기분解其紛, 모든 복잡한 문제를 다 해결해줘, 사랑으로. 두 아이가 서로 빵 먹겠다고 싸우면 엄마는 아이한테 하나씩 하나씩 다 나눠줘. 그렇게 하면 두 아이가 싸울 이유가 하나도 없지. 자기의 날카로운 것을 무디게 하고 좌 자, 무딜 좌挫 자죠. 자기의 날카로운 걸 무디게 하고, 신경질이라는 걸 내지 않고, 거저 사랑으로 해기분解其紛, 모든 복잡한 분쟁과 문제를 해결해준다.

자기가 잘났다는 것을 없이하고 화기광和其光, 빛을 부드럽게 한다. 자기가 잘났다는 생각을 없이하고 동기진同其塵, 먼지 같은 사람하고 같이 한다. 백성들과 같이 한다. 이거 소위 여민동락與民同樂이라는 거죠. 백성들과 같이 즐거워해.

그런데 여기서는 이렇게 말하고 요다음에 가면 조금 다른 해석이 또 나와요.

담혜湛兮. 사약존似若存.

담혜湛兮, 그렇게 해서 즐겁다. 백성들이 대통령하고 같이 노니까 얼마나 즐겁겠어요. 즐겁다 그리고 편안하다. 그리고 깨끗하다. 그래서 사약존似若存, 정말 사는 것 같다.

오부지수지자吾不知誰之子. 상제지선象帝之先.

오부지수지자吾不知誰之子, 대통령, 이게 누구의 아들인가?

철인은 누구인가 29

예수 그리스도가 누구의 아들인가? 누구의 아들이긴, 하나님의 아들이지. 절대자의 아들이지. 철인은 누구의 아들인가? 절대자의 아들이지. 오부지수지자吾不知誰之子, 철인이 누구의 아들인지 잘 모르겠다. 잘 모르겠다 하는 말은 모르겠다는 말이 아니라 진짜 알겠다 그 소리죠. 누구의 아들인지 잘 모르겠다.

상제지선象帝之先, 그런데 하나님보다도 더 앞선 것 같다, 철인이, 아들이 아버지보다도 좀 더 앞선 것 같다. 기자승어부其子勝於父예요. 아들이 아버지보다 조금 나아야 아들이지, 아버지만 못하면 아들이 아니죠. 아버지만 못하면 뭐라 그래? 불초자不肖子라 그러지. 아버지 닮지도 않았다. 불초자라. 기자승어부야. 아들은 언제나 아버지보다 나아야 그게 진짜 아들이야. 아버지보다 못하면 그건 불초자야. 오부지수지자吾不知誰之子, 이게 누구의 아들인지 모르겠다. 그런데 아버지보다 낫다, 진짜 아들이지.

자, 이 장에서 제일 중요한 거는 요 오부지수지자吾不知誰之子 하는 거죠. 그래서 이 장은 절대자에 대해서도 말하고, 이상세계에 대해서도 말하고, 다 말하지만 이건 역시 철인에 대해서 말한 것이다, 이렇게 해석하는 게 좋아요.

그럼 주석을 봅시다.

권재구의

沖. 虛也. 道體雖虛. 而用之不窮. 或盈或不盈. 隨時而不定也. 不日盈不盈. 而日或不盈. 纔有或字. 則其意自見. 此文法也. 淵者. 美也. 似者. 以疑辭贊美之也. 萬物之宗. 即莊子所謂大宗師也. 言此道若有若無. 苟非知道者不知之. 故曰似萬物之宗. 挫其銳. 言其磨礱而無圭角也. 解其紛. 言其處紛擾之中. 而秩然有條也. 光而不露. 故曰和其光. 無塵而不自潔. 故曰同其塵. 此佛經所謂不垢不淨也. 湛者. 微茫而不可見也. 若存若亡. 似有而似無. 故曰湛兮似若存. 即恍兮惚. 其中有物是也. 吾不知誰之子者. 亦設疑辭以美之也. 象. 似也. 帝. 天也. 言其在於造物之始. 故曰象帝之先. 曰象. 曰似. 皆以其可見而不可見. 可知而不可知. 設此語以形容其妙也.

충沖. 허야虛也.
도체수허道體雖虛. 이용지불궁而用之不窮.
혹영혹불영 或盈或不盈. 수시이부정야隨時而不定也.

충沖이라고 하는 건 허虛야. 텅 비었다는 말이다.

도체수허道體雖虛, 도체道體는 언제나 텅 비었어. 아까 진공이라 그랬죠. 도체는 텅 비었어. 이용지불궁而用之不窮, 얼마든지 써도 끝이 없어. 용지불궁用之不窮이야.

혹영혹불영或盈或不盈, 어떤 때는 차고, 어떤 때는 차지 않고, 수시부정隨時不定, 정해져 있지 않고 때에 따라 변한다.

이 사람은 이렇게 해석했어요.

앞에서 나는 혹불영或不盈을 '절대 차면 안 된다' 이렇게 해석했는데, 권재는 어떤 때는 좀 차기도 하고, 어떤 때는 차지 않고, 이렇게 해석했어요.

그런데 나는 내 식으로 한번 해석해 보겠어요.

불왈영불영不曰盈不盈. 이왈혹불영而曰或不盈.
재유혹자纔有或字. 즉기의자견則其意自見.
차문법야此文法也.

불왈영불영不曰盈不盈, 차고 안 차고 그렇게 말하면 안 된다. 이왈혹而曰或, 그래도 완전히 찬 건 아니야. 혹불영或不盈, 혹시라도 차면 안 된다.

재유혹자纔有或字, 재纔 자는 겨우 재, 재유혹纔有或이라는 게 있기 때문에 겨우 차가 빠져나갈 길이 있다 이거지. 즉기의자견則其意自見, 그 뜻은, 역시 도는 막히지 않아야 되겠다 하는 생각일 거다.

차문법야此文法也, 이것이 글의 묘미라. 혹或 자 한 자가 글을 아주 멋있게 만들었다. 혹시라도 차면 안 된다라고.

연자淵者. 미야美也.
사자似者. 이의사찬미지야以疑辭贊美之也.
만물지종萬物之宗. 즉장자소위대종사야卽莊子所謂大宗師也.

연淵을 나는 '높다' 이렇게 해석했는데 권재는 '아름답다'고 해석했어요. 미야美也.

사자似者는 의사疑辭라. 좀 의심하는 말인데도 찬미지야贊美之也, 아주 찬미하는 말이다. 산이 높은 게 아주 아름답다. 에베레스트가 매우 아름답다, 그렇게 해석하는 게 좋겠어요.

만물지종萬物之宗, 모든 만물의 최고봉이라. 즉장자소위대종사야卽莊子所謂大宗師也, 장자가 말하는 대종사大宗師라. 아주 크고, 최고의 철인이란 사람들이 그런 사람들이지요. 예수 그러면 최고의 선생님이지요. 대종사大宗師라.

언차도약유약무言此道若有若無.
구비지도자부지지 苟非知道者不知之.
고왈사만물지종故曰似萬物之宗.

그다음에 언차도약유약무言此道若有若無, 이 도는 있는 것 같기도 하고, 없는 것 같기도 하다. 도라고 할 때 여기선 철인을 말하는 것 같죠. 철인은 있는 것 같기도 하고, 없는 것 같기도 하다는 말은, 있는 것과 없는 것을 초월해야 된다는 말이죠.

초월해야 철인이지, 초월하지 못하면 철인이 아니다.

구비지도자苟非知道者, 도에 통하지 않은 사람은 부지지不知之야. 그런 세계를 알 수가 없다. 도에 통한 사람만이 초월할 수 있지, 도에 통하지 않은 사람은 초월할 수가 없다.

입에서는 자꾸 침이 나오는데, 침은 알칼리에요. 그리고 배에서는 자꾸 산이 나와요. 배에선 산이 나오고 입에서는 알칼리가 나오고. 그런데 사실 알칼리하고 산하고는 모순이거든. 모순인데, 이 모순을 통일해가지고 사는 게 사람이거든. 이것이 자연이거든. 자연은 언제나 모순을 통일해야지, 그냥 싸우도록 그렇게는 안 놔둔다. 언제나 이 모순을 통해서 — 라이프니츠 같은 사람은 예정조화설이라 말하죠 — 모든 것이 다 조화가 돼 있어요. 모순을 그냥 내버려두지 않아요. 완전히 조화를 해서 살아가요. 우리의 몸이 지금 그렇게 된 거거든. 조화하는 거지요.

비지도자非知道者, 모순을 초월한 사람이 아니면 부지不知야. 이 세계는 알 수 없다. 고故로 사만물지종似萬物之宗, 그렇기 때문에 만물에서 최고의 선생님이라고 하는 거다. 만물지종萬物之宗, 최고의 선생님이라고 했댔자 자연이지 뭐 별게 아니죠. 노자의 사상은 언제나 자연이라는 게 최고다, 이렇게 돼요.

언제나 '자연즉신'이에요. 자연, 이것이 신이야.

아무리 비행기를 잘 만들어도 독수리만은 못해. 독수리가 아주 최고의 비행기야. 요건 딱 섰다가도 내려가고, 딱 내려갔다 또 올라오고, 이것이 자연이야. 우리는, 사람은 자유다, 그러는데 노자는, 사람은 자연이다, 라는 거죠. 자연이라는 게 최고의 존재야.

> 좌기예挫其銳. 언기마롱이무규각야言其磨礱而無圭角也.
> 해기분解其紛. 언기처분요지중言其處紛擾之中.
> 이질연유조야而秩然有條也.
> 광이불로光而不露. 고왈화기광故曰和其光.
> 무진이부자결無塵而不自潔. 고왈동기진故曰同其塵.
> 차불경소위불구부정야此佛經所謂不垢不淨也.

자, 그다음에 좌기예挫其銳라는 건 뭔가? 언기마롱이무규각야言其磨礱而無圭角也, 아주 잘 갈아서 모가 없는 거야. 동그랗게 만든다는 거지요. 원만한 인격이지. 모나게 그러면 안 된다.

해기분解其紛이라는 말은 언기처분요지중言其處紛擾之中, 싸움하는 속에 들어가서 싸움을 못하게 하는 거야. 질연유조야秩然有條也, 아주 질서정연하게 교통정리를 하는 거다.

광이불로光而不露, 빛나도 그걸 나타내지 않아. 고왈화기광故曰和其光, 자기가 잘났어도 자기가 잘났다는 걸 몰라. 그렇게 돼야 그것이 잘난 거다.

무진無塵, 그런 사람들은 먼지가 없어. 더러운 게 하나도 없어. 하나도 없지만 이부자결而不自潔, 자기가 깨끗하다고 그러질 않아. 고왈, 그렇기 때문에 동기진同其塵, 먼지하고 같이 살 수 있는 거야.

차불경此佛經, 이건 불경에 소위불구부정야所謂不垢不淨也, 아까 나왔죠. 불생불멸不生不滅 불구부정不垢不淨 부증불감不增不減 할 때 반야심경에 나오는 불구부정과 같은 생각이라.

이 불구부정이라는 건 뭔가? 불구不垢, 자기는 때가 없지. 때가 없는데, 부정不淨, 깨끗하지 않아. 자, 이것도 물 그러면 물이 본래 깨끗하죠. 그런데 이게 더러워진 거죠. 물은 본래 깨끗하다, 이게 소위 본각本覺이라는 거지요. 물은 본래 깨끗한데 더러워졌어. 왜 더러워졌나? 다른 사람의 더러움을 자기가 대신 짊어지니까 더러워진 거지. 그렇잖아요? 물은 본래 깨끗한데 다른 사람의 더러움을 짊어졌으니까 더러워진 거지. 더러워졌지만 또 어떻게 돼? 가만 앉아 있으면 또 깨끗해지는 거지. 이게 소위 시각始覺이라는 거지요. 본각과 시각이 하나가 되는 것을 여래如來라 그런다. 우리 화엄경 시간엔가,[2] 법화경 시간엔가,[3] 이거 나왔지요.

---

2. 2001년 11월부터 2003년 3월까지 이화여대 대학교회 연경반에서 화엄경을 강의함. 이 강의는 김흥호, 「화엄경 강해」 전 3권(서울: 사색출판사, 2006)으로 출간되어 있다.
3. 2000년 3월부터 2000년 11월까지 이화여대 대학교회 연경반에서 법화경을 강의함. 이 강의는 김흥호, 「법화경 강해」(서울: 사색출판사, 2004/06)로 출간되어 있다.

예수 그러면 뭔가? 예수란 사람은 아무 죄가 없는데, 큰 죄인으로 십자가를 지게 되는 거죠. 왜 죄인으로 십자가를 지느냐? 왜 죄인으로 십자가를 지고 죽느냐 하는 거죠. 인류가 죄를 졌으니까, 인류가 죽게 됐으니까, 그 죽음을 대신 예수가 지고 죽는 거지요. 그렇게 죽는데, 본래 예수는 뭔가? 본래 하나님의 아들이니까, 본래 깨끗하니까, 본래 생명이니까, 가만있으면 하나님께서 또 다시 살려주는 거지. 그게 소위 부활이라는 거죠. 속죄, 부활이라는 것이 바로 이 사상이지요.

엄마는 깨끗한데 엄마 손에 똥이 묻었어. 기저귀 빠니까. 기저귀를 빨면 어떻게 되나? 아이들이 깨끗해져. 아이들은 깨끗해지는데 더럽긴 누가 더러워? 엄마가 더러워진 거지. 그러나 엄마는 기서 수돗물에 나시 씻으니까 또 손이 깨끗해지는 거지. 자, 요 사상, 요 사상을 본각, 시각이라 불교에서 그러고. 요걸 여래如來사상이라 그래요. 여래야. 똑같아진다. 그러니까 아무리 더러워졌다가도 가만있으면 또 깨끗해져. 이걸 기독교에서는 속죄사상이라 그러죠. 속죄사상이라는 건 뭔가 하면 엄마는 다 깨끗한데, 아이 기저귀 빨려고 더러워졌다가 기저귀 다 빨고 나면, 가서 손 씻으니까 다시 깨끗해졌다, 이거죠.

예수는 죽지 않는 생명인데, 사람들을 살리기 위해서 예수가 대신 죽었어. 죽었지만 예수는 본래 생명이니까 다시 살아났다. 이게 소위 부활이라는 거지. 그러니까 이 불교의 여래사상하고 기독교의 속죄사상이 통하는 거지요.

이거 지금 같은 말이에요. 그래서 이 사람은 화광동진和光同塵을 속죄로 해석하는 거죠. 자, 불구부정이야. 무진이부자결無塵而不自潔 고왈동기진故日同其塵 차불경소위불구부정야此佛經所謂不垢不淨也, 더럽지 않은데 더러워졌다. 왜 더러워졌나? 속죄 때문에.

담자湛者. 미망이불가견야微茫而不可見也.
약존약망若存若亡. 사유이사무似有而似無.
고왈담혜사약존 故日湛兮似若存.
즉황혜홀卽恍兮惚. 기중유물시야其中有物是也

담자湛者, 담, 난 아까 담이라는 것을 즐거울 담이라고 하고, 연을 산으로 해석했는데, 이 사람은 바다로 해석하니까 미망이불가견야微茫而不可見也, 뽀얗게 하도 넓어서 끝이 잘 보이질 않는다 이렇게 되죠.
약존약망若存若亡 사유이사무似有而似無, 있는 것 같기도 하고, 없는 것 같기도 하고, 고왈故曰, 담혜사약존湛兮似若存, 그런데 이 사람은 한 수 더 떠서 즉황혜홀卽恍兮惚, 엑스터시라는 거죠. 엑스터시야. 엑스터시라는 게 뭔지 알죠? 뭐라고 해석해야죠?
엑스터시란 하나님은 볼 수 없는데, 예를 들면 바울이 예수 믿는 사람 자꾸 죽이려고 하다가 다메섹 도상에서 예수를 만나게 되죠. 예수 만나는 걸 소위 엑스터시라 그러죠. 다른 사람은 그때 예수를 봤나? 못 보는 거지요. 그때 바울이 눈을 떴나? 눈을 감았지요. 귀는 열렸나? 귀도 못 듣죠. 귀도 없고, 눈도 없고, 다 없어. 이제 육신으로는 끝난 거죠. 그런데 바울이 예수 말을 어떻게 들었나? 정신으로 듣는 거죠. 정신세계 속에서 예수가 나타나는 거지, 무슨 사람 나타나듯이 나타나는 건 아니죠.[4]

그래서 요걸 즉황혜홀, 엑스터시(ecstasy)라 그러죠. 엑크(ec-)라고 하는 건 밖에 나갔다 그 소리에요. 스터시스(stasis)라고 하는 건 섰다 그 소리야. 정신이 밖에 나가 섰어. 그런 걸 소위 홀혜황혜惚兮恍兮 그러는 거지. 기중유물시야其中有物是也, 그리스도가 나타났어. 바울아, 바울아. 그리스도가 나타났어. 이런 세계를 이 사람은 화기광동기진和其光同其塵으로 본 거죠.

오부지수지자자吾不知誰之子者.
역설의사이미지야亦設疑辭以美之也.

이 사람 해석이 아주 깊어요. 오부지수지자자吾不知誰之子者, 여기 또 나는 누구인지 모르겠다는 말은 역설의사이미지야亦設疑辭以美之也, 아름답다는 말이지, 모르겠다는 말이 아니다.

---
4. 사도행전 9:1~9.

상象. 사야似也. 제帝. 천야天也.
언기재어조물지시 言其在於造物之始.
고왈상제지선 故曰象帝之先.

상象이라는 글자는 사似라는 글자다. 제帝는 천天이라. 이 사람은 이걸 천이라고 했는데, 나는 아까 제를 하나님이라고 했죠. 이 사람은 그냥 하늘이라 이렇게 해석했어요.

언기재어조물지시言其在於造物之始, 예수란 사람은 조물지시造物之始다. 왜? 태초에 말씀이 있으니까. 태초에 말씀이 있었는데 고왈故曰, 태초니까, 하늘 땅 나타나기 전이니까 상제지선象帝之先이라. 이 사람은 그렇게 해석하는 거죠. 하늘 땅 나타나기 전에 말씀이 있었어. 그 말씀으로 만물이 지음 받았다, 그렇게 해석하는 거지요.

왈상曰象. 왈사曰似.
개이기가견이불가견 皆以其可見而不可見.
가지이불가지 可知而不可知.
설차어이형용기묘야 設此語以形容其妙也.

왈상曰象 왈사曰似 개이기가견이불가견皆以其可見而不可見이야. 그런 세계는 보이기도 하고, 보이지 않기도 하고, 엑스터시라. 가지이불가지可知而不可知, 알 것 같기도 하고, 알지 못할 것 같기도 해. 그러니까 우리의 이성을 초월한 세계죠.

설차어이형용기묘야設此語以形容其妙也, 이런 말을 써서 그 깊은 뜻을 드러내는 것이다. 그래서 이 말이 참 묘하다.

「자여음自余吟」[5]
신생천지후 身生天地後. 심재천지전 心在天地前.
천지자아출 天地自我出. 자여하족언 自余何足言.

이게 소강절의 시인데 보통시가 아니에요.[6] 나라는 게 기독교로 말하면, 로고스(Logos)나 같은 거지요. 태초에 말씀이 있으니 할 때, 그 '말씀'이나 같아요. 그 말씀으로 천지가 창조됐다, 그런 사상이나 거의 같지요.

신생천지후身生天地後, 몸은 천지 있은 다음에 이 세상에 나왔다. 심재천지전心在天地前, 마음은 천지보다 더 앞서 있었다. 천지자아출天地自我出, 천지는 내 속에서 나왔다. 이거 정말 이렇게 생각하기 어렵잖아요. 어떻게 이런 말을 했는지.

자여하족언自余何足言, 여余 자는 남을 여餘 자예요. 나보다 더 큰 존재에 대해서 내가 어떻게 말할 수 있겠는가. 나라고 하는 것에 대한 절대성, 그걸 이 사람들이 강조하는 거지요. 성리학도 보통 깊은 게 아니에요. 마음이라고 하는 것은 물론 형이

---

5. 〈제8강 2005년 3월 20일〉
6. 소강절의 「이천격양집伊川擊壤集」 권19에 있다.

상이니까, 그것도 천지보다 앞서 나왔다, 이럴 수 있겠지요.

하여튼, 천지자아출 하는 말이 아주 정말 굉장한 말이에요. 천지가 나에게서 나왔다. 나라고 하는 게 보통 존재가 아니다. 나라고 하는 게 절대다. 자아의 절대성을 여기서 말하는 것 같아요. 나보다 더 큰 존재에 대해서 어떻게 말하겠는가. '나'라고 하는 게 로고스(Logos)고, 나보다 더 큰 존재는 하나님이고, 그런 식으로 생각하면 될까. 하여튼 잘 모르겠지만 대충 그렇게 생각합시다.

나도 맨 처음 이 시를 읽고서 굉장히 놀랬어요. 어떻게 이런 말을 할까. 유교도 보통 종교가 아니다, 그런 생각을 했어요.

이굉보의 주
부해위중류지종 夫海爲衆流之宗·이해무유 而海無有·
단견기연호이이 但見其淵乎而已.
성인위만물지종 聖人爲萬物之宗·
이성인무유 而聖人無有·
단견기담혜이이 但見其湛兮而已.
유무기종자 惟無其宗者·
내가이위만물지종 乃可以爲萬物之宗.

자, 그다음에 이 바다라고 하는 거는, 우리가 화엄경을 할 때도 맨 마지막에 바다가 나왔지요. 바다라는 것은 출생사 出生

死나 같은 거니까. 들어오는 물이 아무리 많아도 넘치지 않고, 아무리 물을 퍼내도 모자라지 않고. 그래서 언제나 모순을 통일할 수 있는, 그런 존재라고 해서 우리가 바다, 이렇게 비유하는 거지요. 장자에도 바다라는 말이 많이 나오고, 또 화엄경에도 나오죠.

난 그 대신에 산이라는 걸 자꾸 말하는데, 산이라는 게, 결국은 동서를 초월해야 되니까, 그래서 출생사出生死 할 때 산이라는 비유를 쓰는데, 다 마찬가지에요. 모순을 통일할 수 있는 존재, 그게 나다. 이렇게 되는 거죠.

부해위중류지종夫海爲衆流之宗, 바다는 중류지종衆流之宗이죠. 모든 강물이 그리로 밀려들어오는 아주 가장 근본적인 거죠.

이해무유而海無有, 그런데 바다라고 하는 것은 자기가 없다. 단견기연호이이但見其淵乎而已, 다만 그 깊은 것을 우리가 볼 수 있을 뿐이다. 바다는 자기라는 게 없어요. 아무리 들어와도 넘치지 않고, 아무리 퍼내도 모자라지 않는다.

성인도 마찬가지에요. 성인위만물지종聖人爲萬物之宗, 성인은 이 세상에서 제일 근본적인 사람이다. 이성인무유而聖人無有, 성인은 자기라는 게 없다. 단견기담혜이이但見其湛兮而已, 다만 그 깊은, 혹은 맑은, 편안한, 즐거운 그 속을 볼 수 있을 뿐이다.

유무기종자惟無其宗者, 자기를 잘났다고 하지 않기 때문에, 내가이위만물지종乃可以爲萬物之宗, 만물에서 제일 높은 존재가 되는 거다.

여길보의 주
개유오유지유수蓋有吾有知有誰·이도은의 而道隱矣.
오부지수吾不知誰·즉역부지오 則亦不知吾.
차진도지소자출야 此眞道之所自出也.

개유오蓋有吾, 대개 내가 있다는 말은 유지有知, 나는 뭐다 알고 있다. 유수有誰, 나는 누구누구의 아들이다라고 자기를 뽐내는 거다. 그런데 그렇게 생각하면 이도은의而道隱矣, 진리는 영원히 알 수 없다.
오부지수吾不知誰, 내가 누구의 아들인지 알지 못한다는 말은, 즉역부지오則亦不知吾, '나'가 누구인지 알지 못한다는 말이다. 그러니까 언제나 나라고 하는 것이 없어야 진리를 알 수 있지, 나라고 하는 게 있으면, 진리를 알 수 없다, 그런 사상이죠. 차진도지소자출야此眞道之所自出也, 이것이 진리의 시작이다. 진도眞道가 나오는 곳이다.

소자유의 주

좌기예 挫其銳・공기류어망 恐其流於妄.
해기분 解其紛・공기여물구 恐其與物搆.
불류어망 不流於妄. 불구어물 不搆於物.
외환거 外患去. 광생언 光生焉.
우종이화지 又從而和之. 공기여물이야 恐其與物異也.

좌기예挫其銳, 요전에도 나왔죠? 자기의 날카로움을 무디게 해야 된다. 공기류어망恐其流於妄, 그렇지 않으면, 자기가 잘났다, 그런 망상에 빠지기 쉬워. 언제나 자기가 잘났다, 그런 생각을 없이해야 된다.

해기분解其紛, 복잡한 문제를 해결해야 된다는 말은, 공기여물구恐其與物搆, 지칫하면 이 세상에 그만 집착되기 쉬워. 물건에, 재물에, 돈에, 그런 데 그만 집착되고 말아. 그러니까 불류어망不流於妄, 망상에, 자기가 잘났다는 생각도 하지도 말고, 불구어물不搆於物, 일상에 집착하지도 말고, 그렇게 돼야 외환거外患去, 모든 문제가 없어지고 말아. 해결이 된다. 그렇게 돼야 광생언光生焉이다. 속에서 진리를 깨닫게 돼. 속에서 빛이 나오게 된다.

우종이화지又從而和之, 그렇게 하고 빛이 나와도 그 빛을 언제나 숨겨야 돼. 화지和之, 부드럽게 한다. 그 빛을 숨겨야 돼. 공기여물이야恐其與物異也, 그래야 다른 사람하고 같아지지,

그렇지 않으면, 자꾸 다른 사람하고 달라져. 내가 잘났다 이런 생각 가지면, 안 된다. 어디까지나 자기라는 건 없이, 그러면서 동시에 남하고 같이, 이게 소위 이 사람들의 생각이지요.

제5장

넉넉한 나라

산에서 물이 자꾸 흘러 내려와야
사막이 옥토로 변한다.

第五章 天地不仁

天地不仁. 以萬物爲芻狗.
聖人不仁. 以百姓爲芻狗.
天地之間·其猶橐籥乎.
虛而不屈. 動而愈出.
多言數窮. 不如守中.

천지불인天地不仁, 천지는 인仁이 아니다.[1] 인이 아니라는 것은 공자가 말하는 인 같은 사랑은 아니다, 라는 거죠. 공자가 말하는 인, 인의예지仁義禮智 하는, 그런 사랑이 아니다.

〈태극기의 둘레〉

3	4	5	6
☰	☲	☵	☷
하늘(천)	불(화)	물(수)	땅(지)
의	예	지	인

---
1. 〈제8강 2005년 3월 20일〉

요전에 태극기를 그렸을 때, 이 태극기의 둘레를 돌아가는 것이 천지수화인데, 그것이 인의예지죠. 그건 공자의 세계지요.

태극기의 안(☯)의 동그라미(○)와 그 속의 태극점(•), 그리고 요거(∽), 이렇게는 노자의 세계다. 공자와 노자를 이 사람들은 이렇게 구별해요.

〈태극기의 안〉

0	1	2
○	•	∽
무극	태극	음양

노자의 세계는 한마디로 언제나 무위자연無爲自然이라는 거죠. '무위'라고 하는 건 요전에도 그랬지만, 어머니나 같다. 어머니 같은 사랑, 그걸 절대적인 사랑이라. '인의' 할 때는 형제간의 사랑, 아무리 형이 동생을 사랑하고, 동생이 형을 사랑한다 해도 어머니의 사랑하고는 비교할 수 없다. 그래서 천지불인天地不仁 할 때 이 천지의 사랑은 절대의 사랑이다. 이때, '천지' 그러는 건 기독교로 말하면, 하나님의 사랑이죠. 하나님의 사랑은 사람들이 하는 사랑하고는 아주 차원이 다르다.

천지불인天地不仁이란 인간적인 사랑, 유위有爲의 사랑이 아니다. 억지로 하는 사랑이 아니다. 뭐, 사랑해라 그런다고 해서 사랑하나. 그런 사랑이 아니야. 이건 저절로 하는 사랑이지. 무위자연, 이거예요.

천지불인天地不仁. 이만물위추구以萬物爲芻狗.

천지불인天地不仁, 천지라는 것은 인위적인 사랑이 아니다. 어떤 사랑인가? 무위無爲, 저절로 하는 사랑이다. 이만물위추구以萬物爲芻狗, 만물을 추구로 삼는다. 이 추구라는 말이 또 상당히 중요한 말이에요.

추芻는 소가 뜯어먹는 풀, 꼴이라는 거죠. 꼴 추芻 자죠. 소가 자꾸 이렇게 속에서 꺼내가지고, 되씹고, 되씹고, 그러잖아요. 이게 꼴 추 자고, 이 구狗는 개 구 자예요.

맹자에 "추환芻豢"이라고 나와요. 환은 돼지 환豢 자예요. 이럴 때 추는 소 우牛 자나 같은 거예요. 소나 양이나 이게 추지요. 돼지, 개, 이런 걸 소위 환이라고도 하고, 구라고도 하고. 소나 돼지는 중국 사람들이 제일 맛있어 하는 음식이지요. 불고기, 삼겹살, 그게 제일 맛있다 이거죠. 그래서 제일 맛있는 음식, 그럴 때는 추환이라 그래요.

맹자에서는 마음이 제일 좋아하는 것은 진리와 정의라. 눈이 제일 좋아하는 것은 아름다운 경치고, 귀가 제일 좋아하는 것은 음악이고, 입이 제일 좋아하는 것은 추환이라. 마음이 제일 좋아하는 것은 이理와 의義라. 이理라고 하는 진리와 의義라는 정의가 제일 좋다. 이게 맹자에 나오는 말이에요. 그래서 맹자의 추환이 여기서는 추구라는 말과 같죠.[2]

천지는 아주 지극한 사랑이지요. 그래서 만물을 위추구爲芻狗, 가장 행복한 존재로 만든다. 가장 행복한 존재가 뭔가? 추환, 먹을 수 있으면 그게 가장 행복한 존재죠. 아주 넉넉해서 잘사는, 무위자연이라는 거죠. 자연이라는 거는 한없이 넉넉하고, 한없이 아름답고, 한없이 참되고, 좋고, 이게 자연이거든요. 그러니까 만물을 한없이 행복한 존재로 만든다.

성인불인聖人不仁. 이백성위추구以百姓爲芻狗.

성인불인聖人不仁, 성인도 마찬가지야. 절대적인 사랑이야. 그렇기 때문에, 이백성以百姓, 백성들로 하여금 위추구爲芻狗, 한없이 행복한 존재로 만든다. 백성을 한없이 즐겁게 한다. 한없이 행복하게 한다.

어떻게 하면 그렇게 되나? 요새로 말하면, GNP가 자꾸 올라가야지. 우리도 2만 불, 2만 5천 불, 지금 다른 나라들은 3만 5천 불 하잖아요. GNP가 3만 5천 불쯤 올라가야 정말 잘산다

---

2. 「맹자」, 〈고자장구告子章句〉, 상上 제7장, "故理義之悅我心, 猶芻豢之悅我口."

그런 말하게 되지, 그렇지 않으면 한편에서는 밤낮 굶는다 그러고, 점심도 못 먹는 아이들이 자꾸 생기고 그러잖아요. 이 추구라는 말은 요새로 말하면, GNP가 높아야, 백성들이 정말 여유롭고 편안하게 살 수 있다.

이게 소위 이 사람들이 생각하는 왕도정치라는 거죠. 왕도정치라는 건 뭔가? 3년 흉년이 돼도 배부르게 먹을 수 있고, 6년 흉년이 돼도 배불리 먹을 수 있고, 그리고 12년 흉년이 돼도 배부르게 먹을 수 있게, 그렇게 돼야, 그게 왕도정치라는 거죠.

미국에 가보니까 곡식을 저장해두는데, 10년씩 저장해두더라고. 만일 그 동안에 흉년이 들면 어떡하나 하고 10년씩 저장해둬요. 10년 저장해뒀다가 10년까지 그 곡식을 쓰지 않으면 해외로 내보내서 가난한 나라에 주는 거지. 우리 6·25 때도 그거 많이 받아먹었어요. 그게 잉여농산물이라는 거지. 잉여농산물이라는 걸 10년씩 보관해두더라고.

미국은 지금 그렇게 하고 있는데, 중국 사람들은 벌써 옛날부터, 요임금 때는 얼마나 곡식을 저축해두었나? 12년 먹을 것을 저축해뒀다. 이게 요샛말로 하면, GNP가 3만 5천 불 돼야 한다, 그런 소리지요. 그렇게 돼야 백성들이 행복할 수 있지, 그렇지 않으면 행복할 수가 없다. 그런 얘기가 이백성위추구以百姓爲芻狗라는 거지. 추구라는 거는 소나 돼지, 혹은 소나 개, 그러니까 맛있는 음식이라. 맛있는 음식을 먹으리만큼, 행복한 삶을 살 수가 있다, 그렇게 해석해야죠.

천지지간天地之間 · 기유탁약호其猶橐籥乎.

천지지간天地之間, 천지지간은 기유탁약호其猶橐籥乎, 탁약이라는 건 대장간에서 바람을 집어넣는 기구, 소위 풍구라 그러죠. 그 풍구를 탁약이라 그래요. 풍구, 탁약을 가지고 있어야 한다. 탁약호橐籥乎 하는 건, 요새로 말하면, 공장이지. 공장을 많이 가지고 있어야 한다. GNP가 올라가려면 공장이 있어야죠.

근대에 들어와서 제일 먼저 부자가 된 나라가 영국이죠. 왜? 산업혁명으로 공장이 돌아가기 시작한 거니까. 기관차를 만들고, 배를 만들고, 그렇게 되잖아요. 그래서 영국이 제일 부자가 되어서 세계를 점령하는 거지. 영국을 해가 지지 않는 나라라 하리만큼, 막대한 영토를 가지게 되는 거죠.

그다음에 돈을 많이 버는 나라가 미국이죠. 미국의 산업이 또 보통 아니죠. 물론 유럽도 그렇지만. 지금 또 돈 버는 나라가 일본이죠. 일본은 서양의 과학 문명을 빨리 받아들여서, 일본 가서 비행기 타고 아래 내려다보면, 전국토가 그냥 공장이에요. 공장 없는 데가 없어. 다 공장이야.

그다음에 부자가 될 나라가 우리 한국이지요. 한국도 이제 자꾸 발달할 거 같아요. 벌써 자동차가 미국서도 상당히 인기

있다 그러잖아요. 자동차, 또 뭐 있지요? 반도체, 철강, 조선, 뭐 여러 가지를 자꾸 만들고 있으니까. 그렇게 해야 넉넉해지지, 그거 없으면 안 되죠. 산업혁명 없이 부자 된다, 이거 있을 수 없지요.

허이불굴虛而不屈. 동이유출動而愈出.

그런 산업혁명이 있으려면, 허이불굴虛而不屈이야. 요새로 말하면, 과학이 발달해야 돼. 요새 IT 그러는데, 이 과학이 불굴이야. 굴하지 않아야 돼. 우리 젊은 학생들이 이공과 계통으로 많이 가야지. 그래서 온 국민이 이공과가 얼마나 중요한가를 알아야지.

그런데 아직도 이공과를 안 가려고 하는 학생들이 있다는 걸 보면, 교육을 어떻게 하는지 모르겠어요. 지금 우리를 먹여 살리고 있는 게 이공과인데, 이공과를 안 가면, 어떡해요. 이공과 계통을 자꾸 살려야 돼요. 자꾸 살려야 과학이 발달하고, 모든 산업들이 발달하지, 그렇잖으면 안 되죠. 요새, 유럽 사는 걸 보면, 농사도 과학적으로 짓고, 뭐 다 과학적으로 하잖아요. 그렇지 않으면, 어떻게 할 수가 없는 거지. 허이불굴이야. 과학이 아주 발달해야 돼. 동이유출動而愈出이야. 그래서 공장에서 자꾸 제품이 나와야 돼.

다언삭궁多言數窮, 불여수중不如守中.

다언삭궁多言數窮, 국회에서 제발 싸움 좀 안 하면 좋겠다 이거예요. 말 많으면 나라가 더 힘들어져. 다언삭궁이야. 오늘도 아마 데모 많이 할 것 같아요. 오는데도 버스가 얼마나 올라오는지 몰라요. 하여튼 다언삭궁이야. 언제나 말 많은 건 좋지 않거든. '말썽'이라고, 말 많으면 좋지 않은 거거든. 말은 어디서 나오나? 불평에서 나오거든. 그건 한퇴지韓退之[3]의 글에 나오지요. 말은 어디서 나오나? 불평에서 나온다. 불평이 없어지면, 꿀 먹은 벙어리야. 말 나올 데가 없다. 불평하지 마라. 언제나 자족해야지, 스스로 족한 줄 알고 살아야지, 자꾸 불평만 하면 이거 어떡하느냐. 다언삭궁이야. 말이 많으면 그만큼 더 궁해져. 불여수중不如守中, 언제나 깊이 생각해야 돼. 깊이 생각을 해서 자기 속을 키워가야지, 말만 자꾸 해가지고는 안 된다 이거죠.

다언삭궁, 삭數이라고 발음해요. 자주자주 말한다. 헤일 수 자가 아니라 자주자주 할 때는 삭이라고 발음해요. 불여수중, 사람이란 자기 마음속에 뭘 깊이 가지고 있어야 한다. 그게 불여수중이에요.

권재 임희일의 주석을 보죠.

---

3. 한유(韓愈, 768~824): 중국 당나라의 문인, 정치가. 자는 퇴지退之. 호는 창려昌黎. 당송 팔대가의 한 사람으로, 시문집에 『창려 선생집』이 있다.

권재구의

生物仁也. 天地雖生物. 而不以爲功. 與物相忘也. 養民仁也. 聖人雖養民. 而不以爲恩. 與民相忘也. 不仁. 不有其仁也. 芻狗. 已用而棄之相忘之喻也. 三十八章曰. 上德不德. 是以有德. 不仁猶不德也. 莊子齊物曰. 大仁不仁. 天地曰. 至德之世. 相愛而不知以爲仁. 亦是此意. 芻狗之爲物. 祭則用之. 已祭則棄之. 喻其不著意而相忘爾. 以精言之. 則有所過者化之意. 而說者以爲. 視民如草芥則誤矣. 大抵老莊之學. 喜爲驚世駭俗之言. 故其語多有病. 此章大旨不過曰天地無容心於生物. 聖人無容心於養民. 却如此下語. 涉於奇怪. 而讀者不精. 遂有深弊. 故曰申韓之慘刻. 原於芻狗百姓之意. 雖老子亦不容辭其責矣. 籥者橐之管也. 橐籥用而風生焉. 其體雖虛. 而用之不屈. 動則風生. 愈出愈有. 天地之間. 其生萬物也亦然. 橐籥之於風. 何嘗容心. 天地之於生物. 亦何嘗容心. 故以此喻之. 況用之則有風. 不用則無. 亦有過化之意. 數. 猶曰每每也. 守中. 默然閉其喙也. 意謂天地之道. 不容以言盡. 多言則每每至於自窮. 不如默然而忘言. 子曰. 予欲無言. 天何言哉. 四時行焉. 百物生焉. 亦此意也. 但聖人之語. 粹而易明. 此書則鼓舞出入. 使人難曉. 或者以爲戒人之多言. 則與上意不貫矣. 如此看得破. 非惟一章之中首末貫串. 語意明白. 而其文簡妙高古. 亦豈易到哉.

생물인야生物仁也. 천지수생물天地雖生物.
이불이위공而不以爲功. 여물상망야與物相忘也.

생물인야生物仁也, 물건을 생산하는 것, 그것이 인이다. 그게 사랑이다. 천지수생물天地雖生物, 천지가 물건을 살려주지만 이불이위공而不以爲功, 그것을 자기의 공으로 삼지 않는다. 여물상망야與物相忘也, 모든 만물에 대해서 다 잊어먹는다.

이 사람은 이렇게 해석했어요. 나는 천지불인을 천지는 무위자연이라, 이렇게 해석했는데, 이 사람은 그렇게 해석 안 하고 이 천지를, 만물을 만들고도 그것을 자기의 공로로 하지 않고 다 잊어먹는다, 이렇게 해석했어요.

양민인야養民仁也. 성인수양민聖人雖養民.
이불이위은而不以爲恩. 여민상망야與民相忘也.

양민인야養民仁也, 백성을 잘살게 하는 것도 사랑이다. 성인수양민聖人雖養民, 성인이 백성을 잘살게 만들지만 이불이위은而不以爲恩, 자기의 은혜라고 생각하지 않는다. 여민상망야與民相忘也, 백성들에 대해서는 다 잊어먹고 만다.

불인不仁. 불유기인야不有其仁也.

불인不仁, 불인이란 불유기인야不有其仁也, 자기가 사랑했다 그런 생각을 하지 않는 거다.

거기까지는 좋아요. 어머니가 어린애를 사랑하면서도 자기가 사랑한다 그런 생각이 없다 이거죠. 그런 생각이 있으면 그건 사랑이라고 할 수도 없지요.

추구芻狗. 이용이기지상망지유야已用而棄之相忘之喩也

그런데 권재는 이걸 잘못 해석했어요. "추구"를 나는 맛있는 음식이라고 번역했는데, 이 사람은 추구에서, '추'를 '풀'이라 하고, '구'를 '강아지'라 해석해서, '풀로 만든 강아지'라 이렇게 번역했어요. 그건 왜 그렇게 번역했나 하면 장자에, 추구라는 건 풀로 만든 강아지다 이렇게 나와요.[4] 그러니까 이 사람은 그걸 인용해 가지고, 장자한테 그만 홀리고 말았어요.

추구이용芻狗已用, 추구는 한 번 쓰고는 이기지而棄之, 버리는 거다. 상망지유야相忘之喩也, 그거는 잊어먹는다는 뜻이다, 이렇게 봤어요.

삼십팔장왈三十八章曰. 상덕부덕上德不德.
시이유덕是以有德. 불인유부덕야不仁猶不德也.

---

4. 『장자』, 〈천운天運 제14〉, "夫芻狗之未陳也. 盛以篋衍. 巾以文繡. 尸祝齋戒以將之. 及其已陳也. 行者踐其首脊 蘇者取而爨之而已." 초횡, 『노자익·장자익』, 혜풍학회 편, 영인한문대계 9(대북: 신문풍 출판공사, 중화민국 67/83), p. 28.

삼십팔장왈三十八章曰, 노자 38장에 나오기를, 상덕부덕上德不德, 덕이 있는 사람은 자기가 덕이 있다, 그런 생각을 안 한다. 시이유덕是以有德, 그러니까 덕이 있는 거다. 그것도 옳은 말이죠.

불인不仁, 이 불인이라는 것도 자기가 사랑하고도 사랑했다는 생각이 없다. 그게 사랑이다. 불인不仁이라는 말하고 부덕不德이라는 말하고 같은 문법이다. 그것도 옳아요.

장자제물왈莊子齊物曰. 대인불인大仁不仁.
천지왈天地曰. 지덕지세至德之世.
상애이부지이위인相愛而不知以爲仁. 역시차의亦是此意.

장자제물왈莊子齊物曰, 장자 제물론에 말하기를, 대인불인大仁不仁, 큰 사랑은 사랑했다는 생각이 없는 거다. 그것도 옳은 말이죠.

천지왈天地曰, 천지편에 말하기를 지덕지세至德之世, 지극히 잘사는 시대, 이상세계죠. 상애相愛, 서로 사랑하지만, 이부지이위인而不知以爲仁, 그걸 '사랑이다' 그런 생각을 안 한다. 역시차의亦是此意, 그게 그 뜻이다. 이것도 옳아요

추구지위물芻狗之爲物. 제즉용지祭則用之.
이제즉기지已祭則棄之.

유기불착의이상망이喩其不著意而相忘爾.
이정언지以精言之. 즉유소과자화지의則有所過者化之意.

    그런데, 그다음이 틀렸어요. 추구지위물芻狗之爲物, 추구는 어떤 물건인가? 제즉용지祭則用之, 그건 제사에 쓰는 물건이다. 제사에 사람을 제물로 갖다 바쳤거든. 그런데 사람 바치는 건 안 된다 해서 풀로 사람모양을 만들어 그걸 바쳤다. 그걸 바치고는 다 끝나면 불로 사뤄버렸다.

    풀로 소도 만들고, 강아지도 만들고, 양도 만들고. 대개 제물을 풀로 상징했다는 거죠. 추구지위물芻狗之爲物, 추구는 무엇에 썼나? 제즉용지祭則用之, 제사지낼 때 썼다. 그리고 이제 즉기지已祭則棄之, 지나가면 버렸다. 이건 장자 천운편에 나온 말이죠.

    유기불착의喩其不著意, 버렸다는 말은, 거기에 대해서는 관심도 없어. 이상망이而相忘爾, 다 잊어먹었다, 그런 뜻이다 이거죠. 이정언지以精言之, 더 자세히 말하면 유소과자화지의有所過者化之意라. 내 요점도 "유소과자화有所過者化"예요. 저기 봅시다.[5]

---

5. 붓글씨로 써서 걸어놓은 교재. 『노자익』의 추가 교재를 말함. 이후 각주를 생략함.

왕순보[6]의 주

추구유성인과화지묘 芻狗喩聖人過化之妙.
탁약유성인존신지묘 橐籥喩聖人存神之妙.

추구芻狗, 추구는 유喩 성인聖人 과화지묘過化之妙, 성인의 과화過化라는 신비를 비유해서 말한 거다. 이거는 천지추구天地芻狗 하는 '추구'고, '탁약橐籥'은,[7] 유성인존신지묘喩聖人存神之妙, 성인의 존신의 묘를 말한 거다. 요게 과화존신過化存神이라는 거죠.

이거 아주 유명한 말이에요. 과화존신過化存神, 옛날에 "공자는 어떤 사람입니까?" 하고 물었을 때 그 대답이 대개 "과화존신이라" 이렇게 대답했어요. 그만큼 이 과화존신이라는 말이 유교에서는 아주 상당히 중요한 말이에요.

그런데 이 과화존신이라는 말이 어디에 나왔나 하면, 맹자에 나오는 말이죠. 그래서 내가 맹자를 인용했어요.

『맹자孟子』〈진심盡心〉

왕자지민 王者之民, 호호여야 皥皥如也.
살지이불원 殺之而不怨, 이지이불용 利之而不庸.

---

6. 왕순보(王純甫): 중국 명나라 왕양명의 제자 『주역억周易億』 4권, 『노자억老子億』 4권이 있음.
7. 본문에서 "天地不仁 以萬物爲芻狗." "天地之間 其猶橐籥乎."라 한 것.

민일천선民日遷善, 이부지위지자而不知爲之者.
부군자소과자화夫君子所過者化, 소존자신所存者神.
상하여천지동류上下與天地同流
가욕지위선 可欲之謂善.
유저기지위신 有諸己之謂信.
충실지위미 充實之謂美.
충실이유광휘지위대 充實而有光輝之謂大.
대이화지위성 大而化之謂聖.
성이불가지지위신 聖而不可知之謂神.

왕자지민王者之民, 이거 왕도정치지요. 왕도정치 속에서 사는 사람은, 그러니까 GNP가 3만 5천 불 하는 데서 사는 사람은, 이 뜻이지요. 호호여야皞皞如也, 호는 맑을 호, 밝을 호, 여기서는 즐겁다 이 소리죠. 넉넉한 나라에서 사는 사람들은 언제나 즐겁다. 호호여야皞皞如也, 아주 즐겁게 살아.

살지이불원殺之而不怨, 나라를 위해서 죽어도 원망을 안 해. 나라에 은혜를 많이 졌으니까. 나라를 위해서 죽어도 원망도 안 해. 이지이불용利之而不庸, 나라가 자기를 이롭게 해줘도 별로 대수롭게도 생각 안 해.

민일천선民日遷善, 백성들이 매일매일 더 넉넉하게, 더 넉넉하게 잘살게 돼. 천선遷善이야. 좋은 데로 넘어간다. 이부지위지자而不知爲之者, 누가 이렇게 만드는지 알 수도 없어. 그거 누가 그렇게 만들겠어요? 왕이 그렇게 만드는 거지. 어떤 왕인가? 요임금 같은 왕이 그렇게 만든다. 요임금, 문왕, 이런 사람들을 우리가 성인, 철인 그렇게 말하죠. 또 누가 그렇게 하나 하면, 철인이 그렇게 만들어.

요전에 4장은 철인에 대해서 말했죠. 오늘 5장은 이상국가에 대해서 말하는 거예요. 그럼 이상국가는 누가 만드나? 철인이 만드는 거다. 이게 이 사람들의 생각이지요.

내가 늘 산을 그리는 거, 이게 지금 철인이지요. 철인, 산에서 물이 자꾸 흘러 내려와야 사막이 옥토로 변하지. 그래서 오아시스가 되고 모든 만물이 자라는 이상세계가 나온다. 언제나 산이 높아야 돼. 왜 산이 높아야 하나? 얼음이 얼어야 하니까. 요 네모난 거는 얼음을 표시한 거예요. 높은 산이 되어야 얼음이 얼고, 그 높은 산에 항상 얼음이 얼어야 계속 물이 흘러내려오지 그렇잖으면 물이 안 내려오지요.

미국에 L.A.라고 하는 데가 있잖아요. 로스앤젤레스라는 게 뭐냐 그러면, 본래 사막이지. 그 사막에는, 아무것도 없거든. 아무것도 없는 데에다 이 사람들이 서부를 개척할 때 로키 산맥에서 물을 끌어왔어요.[8] 끌어다가 이 사막을 옥토로 만드는 거지. L.A.가 그 물 때문에 이렇게 됐어요. 종려나무도 높이 자라고, 맨 나무뿐이에요. 이 물이 어디서 나오나 물어보니까, 저길 보라고 그래요. 보니까, 정말 하얀 눈이 덮여있는 산이 보이더라고. 이 물이 그 산에서 내려오는 거래. 이 산위에 있는 얼음은 일 년 내내 얼어 있으니까 계속 물이 흐르는 거죠.

또 그 물을 이용해서, 후버 댐(Hoover Dam)이라고 하는 큰 댐을 지었어요. 나도 그 댐에 가봤는데 굉장히 크더라고. 거기서 몇 만 와트가 나오는지 지금은 다 잊어먹었지만, 이걸 가지고 서부의 모든 전기를 쓴다는 거야. 그러니까 전기라는 불하고 물하고 있으니까, 이게 뭐 이상국가지 별게 있어요? 그리고 거기 보니까, 오렌지 과수원들이, 몇 십리나 되는 과수원들이 굉장히 많더라고. 자동차에서 내려서 그 과수원에 들어가 주인보고 물었어요. 이렇게 큰 과수원을 하려면, 이거 굉장히 돈이 많이 들지 않느냐 그랬더니 그 사람 대답이, 세상에 물 값처럼 싼 게 없고, 전기 값처럼 싼 게 없는데, 아, 낮에는 햇빛이 내려와서 달게 만들고, 밤에는 물이 내려와서 나무를 자꾸 키워주는

---

8. 로키 산맥(The Rocky Mountains): 최고봉은 미국 내의 남부 로키에 있는 앨버트 산으로 4401m이다.

데, 이게 뭐 자본이 필요할 게 있나. 이거 그저 공짜라고, 그렇게 대답하더라고. 우리나라에서도 지금 감귤, 감귤 하는데, 거기서는 해가 아주 강하니까, 열대니까 당도가 높아지고, 또 물도 풍부하니까 많은 농사를 짓더라고. 그거 뭐 유타에 가도 또 마찬가지야. 여기 가도 저기 가도 다 마찬가지야.

미국이라는 나라가 the people, of가 아니고 by야. for, by, of, 이건데 우리는 지금 of 하는 민주주의고, 미국은 by 하는 민주주의야. 나라에서 한없이 많이 도와주고, 백성들은 한없이 많은 세금을 내고. 서로 도와가면서 사는 그런 민주주의라 이거지.

우리는, 정부가 자꾸 백성들한테서 빼앗기만 하는, of 하는 민주주의란 말이지. 거기는 그게 아니야. 그런데 이게 더 발달하면, for 하는 민주주의가 돼. 백성늘은 아무것도 안 해도 어렸을 때부터 죽기까지 다 나라에서 먹여줘. 그거 지금, 저 북유럽에 있는 복지국가라는 거지. 노르웨이 같은 나라에서는 그 옆에 있는 바다에서 물고기만 잡아도 온 국민을 먹이고도 남는다는 거야. 그만큼 되면, 그건 또 for the people이 되는 거지. 이 물이라는 게 한없이 흘러 내려와서 사막을 옥토로 만들고, 이게 이상 국가라 이거지.

그런데 이걸 정신적으로 말할 때는, 물이 내려온다는 말 대신에, 말씀이라 그러죠. 진리의 말씀이 강같이 흘러 내려와서 이 거친 사람들의 마음을 옥토로 바꿔놓는다. 이게 소위 과화過化라는 거지. 과過는 무엇인가? 물이 지나가는 거시. 물이 흘러 내려와서, 화化라는 건 뭐야? 사막을 옥토로 만들어. 죄인을 의인으로 만들어. 지옥을 천국으로 만들어. 그렇게 바뀌는 거, 우리가 예수 믿는다는 게 뭔가? 우리의 지옥 같은 마음을 천국 같은 마음으로 바꿔주는 거, 이게 예수 믿는 거거든. 과화라 그러면, 물이 지나갈 때 사막이 옥토로 변하지. 사막이 옥토로 변화한다는 것이 화라. 이게 과화야.

공자는 어떤 사람입니까? 과화라. 그 과화란 무슨 말인가? 공자의 입에서 나오는 말씀이, 예를 들면, 주역이라든가, 논어라든가, 대학이라든가, 중용이라든가, 이런 말씀들이 사람의 마음을, 삭막한 사람들의 마음을 뭐로 만드나? 옥토로 만들었다 이거지. 그걸 과화라, 이렇게 말해요. 이 '과화'라는 말이 상당히 중요한 말이죠. 과화지묘過化之妙야. 묘라고 하는 신비야. 과화에 아주 신비가 있다.

다시 왕순보의 주에, 탁약槖籥 유喩 성인聖人 존신지묘存神之妙, 성인은 어떤 사람인가? 성인은 산山이지요. 이 산에는 뭐가 있나? 얼음이 있어요. 얼이라는 얼음이야. 얼음이 있다는 말은 하나님이 계시다, 이거거든. 성인에게는 언제나 하나님이 계신다. 말씀이 하나님과 같이 있으니, 예수님께서 나는 하나님 안에 있고, 하나님은 내 안에 있다, 그걸 소크라테스는 절대자와의 만남, 이러지요. 철인이 뭔가? 절대자와 만나야 철인이 되죠. 절대자를 못 만나면 철인이 안 돼요.

또 철인이 나와야 이상국가가 되지요. 철인이 안 나오면, 이상국가가 안 돼요. 이 얼음이 있다는 말이나, 절대자와 만남 이런 말이나, 하나님과 같이 있다는 말이나, 그것이 모두 존신存神이라는 거지요. 하나님과 같이 있다는 거지요.

그럼 철인은 어떤 사람인가? 하나님과 같이 있는 사람이죠. 공장을 하려면, 어떻게 해야 되나? 과학이 있어야 돼. 과학이 없으면 안 돼. 과학과 같이 있는 공장이래야 돼. 그래서 요새 대학과 공장이 협력한다 그러는데, 그런 형이상의 세계가, 학문적인 세계가 있어야, 형이하의 세계가 돌아가지, 그렇잖으면 돌아가질 않아요. 포항공대가 있어야 포항제철이 있는 거지.

절대자와 만나야 철인이 되지, 그렇잖으면, 철인이 안 돼요. 진리를 깨달아야 철인이지, 진리를 못 깨달아서야 어떻게 철인이 되겠어요. 진리를 깨달았다든가, 절대자와 만났다든가, 하나님과 같이 있다든가, 이런 높은 세계가 있어야 여기가 이상세계가 되지, 그렇잖으면 이상세계가 안 돼요.

여기서 추구芻狗라는 말은 결국 뭔가? 성인聖人 과화지묘過化之妙, 사막이 옥토로 바뀌었다는 얘기지요. 소가 요리가 됐다는 얘기죠. 탁약槖籥이라고 하는 건 뭔가? 성인聖人 존신지묘存

神之妙, 성인은 언제나 하나님과 같이 있다는 그런 신비를 말하는 거죠.

『맹자』, 〈진심〉에서, 부지위지자不知爲之者, 누가 했는지 알지 못해. 누가 했겠어요, 그거? 철인이 한 거지. 부군자夫君子, 철인은 어떤 사람인가? 소과자화所過者化, 철인이 지나가기만 하면, 사막이 옥토가 돼야 철인이야. 이상세계가 나와야 그게 철인이야. 소존자신所存者神, 그리고 철인은 언제나 하나님과 같이 있어야 철인이야. 그렇지 않으면 철인이 못돼. 소과자화所過者化 소존자신所存者神, 이걸 약約해서 대개 과화존신過化存神 이렇게, 이게 철인의 특징이에요.

우리가 화엄경 배울 때 이걸 말했는데 유교도 역시 마찬가지죠. 유교도 절대자·철인·이상세계, 마찬가지야.

상하여천지동류上下與天地同流, 하늘이나 땅이나 마찬가지로 다 잘살게 되는 거야. 가욕지위선可欲之謂善, 누구나 다 가지고 싶은 거, 그걸 선이라 그런다. 누구나 다 잘살고 싶다. 그게 선이야.

유저기지위신有諸己之謂信, 이 '저'라는 자는 지어之於라고 하는 두 자를 합해서 만든 자예요. '지어기'라는 말은 결국 자기에게 있다, 그 좋은 것이. 돈이라 그러면, 돈이라는 게 자기에게 있다. 자기에게 있어야, 그걸 신신信이라 그런다. 그걸 믿음이라 그런다. 하나님에 대한 믿음과 자기에 대한 믿음이 있어야, 그래야 자신이 있다. 그래야 불안하지 않아. 넉넉해야 불안하지 않지, 넉넉지 못하면 밤낮 불안해.

충실지위미充實之謂美, 열매들이 자꾸자꾸 커지면 그걸 아름답다 그런다. 돈도 많아져야 거기에 예술이 따라붙지, 돈 없으면 예술도 못 따라붙지. 그러니까 그걸 지금 미美라 그런다.

충실이유광휘지위대充實而有光輝之謂大, 사과가 아주 충실한데, 거기 빛이 나. 사과가 빨갛게 빛이 나. 그 빛이 나는 것을 크다 그런다. 야, 이거 정말 먹음직한 사과다 그래. 그걸 대大라 그런다.

대이화大而化, 이 '화化' 자 하나를 말하기 위해서 여기까지 오게 된 기죠. 대이화지위성大而化之謂聖, 크고 다른 사람을 변화시켜야 그것이 대라. 그것이 큰 사람이다. 큰 사람이라는 건 어떤 사람인가? 다른 사람을 변화시킬 수 있어야 큰 사람이다. 대이화라는 게 성인이다. 성인은 '과화' 남을 변화시킬 수 있는 사람이다.

성이불가지지위신聖而不可知之謂神, 성인도 알 수 없는 세계, 그걸 신이라 그런다. 성인도 하나님은 어떤지 알지 못해. 하나님은 성인을 알지만 성인은 하나님을 알지 못해. 그걸 신이라 그런다.

신神 자하고, 성聖 자하고, 거기에 화化 자가 있어서 그걸 내가 지금 인용한 거지요. 이것이 『맹자』, 〈진심편〉에 나와요.

고복격양鼓服擊壤 고사故事

요시노인 堯時老人. 함포고복 含哺鼓腹.
격양이가왈 擊壤而歌曰.
일출이작 日出而作. 일입이식 日入而息.
착정이음 鑿井而飮. 경전이식 耕田而食.
제력하유어아재 帝力何有於我哉.

자, 그다음에 철인이란 어떤 사람인가? 요시堯時, 요임금이 철인이라 이거지. 중국 사람들, 제일 철인이 누군가? 요임금이다. 왜? 12년 동안 흉년이 들어도 먹을 수 있게 해준 사람이 요임금이니까. 요나라 때는 노인이 함포含哺, 입에 먹을 것을 잔뜩 물고, 고복鼓腹, 배를 치면서, 배가 나왔다 이거죠. 먹을 것을 잔뜩 먹고, 거기다 또 배까지 나왔어. 중국 사람들 거 뭐라 그러죠? 그런 우상이 있잖아요. 배가 이렇게 나온 사람 모양, 그거 중국 사람들이 제일 좋아하니까. 중국집에 가면, 그거 많이 갖다놓고 밤낮 절하죠. 거기에 절해야 돈을 번다는 거죠. 함포고복이야. 입에 먹을 것을 잔뜩 물고, 그렇게 하고는 또 배를 치면서 좋아한다.

그러면서, 격양이가왈擊壤而歌曰, 땅을 치면서, 밭을 갈면서 노래를 불러. 뭐라고 부르냐 하면, 일출이작日出而作, 해가 뜨면 일어나고, 일입이식日入而息, 해가 지면 자고, 착정이음鑿井而飮, 우물 파서 물 마시고, 경전이식耕田而食, 밭을 갈아서 밥 먹고, 제력하유어아帝力何有於我, 요임금이 나하고 무슨 상관이 있느냐. 그쯤 돼야 철인이다 이거지요. 백성들이 생각할 때, 아, 요임금 덕으로 산다, 이렇게 되면, 그거 아직 철인이 아니라는 거죠. 요임금이 나하고 무슨 상관이냐. 다 내 덕으로 산다. 아이들처럼 말이야. 아, 엄마가 나하고 무슨 상관이 있어. 다 내 덕으로 살지. 이렇게 돼야, 엄마라 이거지. 그래서 저거, 유명한 말이지요.

자, 그러면, 다시 〈권재구의〉로 돌아가서, 오늘은 이상국가를 말하는 거예요.

즉유소과자화지의則有所過者化之意.
이설자이위而說者以爲. 시민여초개즉오의視民如草芥則誤矣.

유소과자화有所過者化, 이건 '과화'라는 말인데, 이 사람이 이걸 잘 이해 못하는 것 같아요. '그냥 지나가면 잊어먹어라' 이런 식으로 해석하는 것 같아요.
이설자이위而說者以爲, 어떤 사람은 말하기를, 생각하기를 시민여초개즉오의視民如草芥則誤矣, 백성들을 초개처럼 버려라, 다 죽여라, 이런 말로 생각하는데 그렇게 해석하면 안 된다 이거죠.

대저노장지학大抵老莊之學.
희위경세해속지언喜爲驚世駭俗之言.
고기어다유병故其語多有病.
차장대지불과왈천지무용심어생물此章大旨不過曰
天地無容心於生物. 성인무용심어양민聖人無容心於養民.

대저大抵 노장지학老莊之學, 노장의 책은 희위경세해속지언喜爲驚世駭俗之言, 세상 사람들을 깜짝깜짝 놀라게 하는 말들이 많아. 고故, 그렇기 때문에, 기어다유병其語多有病, 그 말 가운데는 문제점이 많다.

차장대지此章大旨, 그러나 이 5장의 뜻은 불과不過, 지나지 않는다. 불과하다. 뭐에 불과하나? 천지무용심어생물天地無容心於生物, 천지가 생물을, 물건을 많이 생산하고도 거기에 대해서 잊어먹었다, 관심이 없다, 그런 뜻이다. 성인聖人 무용심어양민無容心於養民, 성인은 백성을 기르고도 거기에 대해서 제가 길렀다 그런 생각이 없다.

각여차하어却如此下語. 섭어기괴涉於奇怪.

이독자부정而讀者不精, 수유심폐遂有深弊.

각여차하어却如此下語, 그런데 이렇게 생각하는 사람도 있다. 섭어기괴涉於奇怪, 이거 보통 이상한 말이 아니다. 독자부정讀者不精, 독자가 이걸 잘못 읽으면 수유심폐遂有深弊, 깊은 폐단에 빠지기 쉽다.

고왈신한지참각故曰申韓之慘刻.
원어추구백성지의原於芻狗百姓之意.

고왈故曰, 그렇기 때문에 신한지참각申韓之慘刻, 신은 신불해申不害라는 사람, 한은 한비자韓非子, 소위 진시황이 책 다 불사르고, 사람 다 흙 속에 집어넣어 죽이잖아요. 그리고 수많은 백성들을 만리장성 쌓느라고 동원해서 고생시키고. 이건 누구의 말을 들어서 그랬나 하면, 노자의 말을 들어서 그랬다, 이렇게 해석하는 사람도 있다. 그게 소위 신한지참각이라는 거죠. 그게 독재자들의 참각을, 참각이 어디서 나왔나 하면, 원어추구백성지의原於芻狗百姓之意, '백성을 추구처럼 생각해라, 백성을 풀로 만든 개처럼 생각해라, 죽여도 좋다.' 이런 식으로 해석했다.

수노자역불용사기책의雖老子亦不容辭其責矣.

그러니까 노자도 그 책임을 면할 수는 없을 거야.

아, 지금 이 사람은 제가 잘못 생각하고, 노자한테 책임을 미루는 거죠. 자기가 지금 잘못 해석해서 그렇지, 노자가 무슨 그런 말한 건 아니거든.

> 약자탁지관야籥者橐之管也. 탁약용이풍생언橐籥用而風生焉.
> 기체수허其體雖虛. 이용지불굴而用之不屈. 동즉풍생動則風生.
> 유출유유愈出愈有. 천지지간天地之間.
> 기생만물야역연其生萬物也亦然. 탁약지어풍橐籥之於風.
> 하상용심何嘗容心. 천지지어생물天地之於生物.
> 역하상용심亦何嘗容心. 고이차유지故以此喩之.

약자籥者, 약이라는 말은 탁지관야橐之管也, 탁에 붙은 관이라. 탁약橐籥[9]이라는 건, 용이用而, 쓰면 풍생언風生焉, 바람이 자꾸 나온다.

기체수허其體雖虛, 몸은 텅 비었지만 용지불굴用之不屈, 아무리 써도 굴하지 않아. 줄어들지 않아. 동즉풍생動則風生 유출유유愈出愈有, 움직이면 자꾸 바람이 나온다. 바람이 더 나와.

천지지간天地之間, 천지 사이에 기생만물야역연其生萬物也亦然, 만물 나오는 것이 이와 같아.

탁약지어풍橐籥之於風, 탁약이 바람을 내는 거, 하상용심何嘗容心, 거기에 무슨 관심이 있겠는가. 집착이 있겠는가. 천지지

---

9. 탁약이란 풍구를 말함. 풍구는 풀무라고도 한다. 불을 피울 때 바람을 일으키는 기구.

어생물天地之於生物, 천지가 물건을 내는데 역하상용심亦何嘗容心, 또 무슨 집착이 있겠는가. 고故, 그래서 이차유지以此喩之, 이 비유를 쓴 거다.

황용지즉유풍況用之則有風. 불용즉무不用則無.
역유과화지의亦有過化之意.

황용지즉유풍況用之則有風, 쓰면 바람이 나오고, 불용즉무不用則無, 쓰지 않으면 바람이 멎는다. 유과화지의有過化之意라. '과화'라는 말, 여기다 또 집어넣었어요. '쓸 때는 쓰고, 다 쓰면 버려라' 하는 걸 이 사람은 과화지의라, 이렇게 생각한 모양이에요. '쓸 때는 쓰고, 안 쓸 때는 버려라' 그런 식으로. 이거 아주 잘못 해석한 거예요. 임희일이라는 사람 아주 똑똑한 사람인데, 요런 데는 아주 막힌 데가 있어요.

삭數. 유왈매매야猶曰每每也.
수중守中. 묵연폐기훼야黙然閉其喙也.

자, 그리고 삭數, 삭이라는 건 유왈매매야猶曰每每也, '언제나' 그 소리야. 수중守中이라는 건 묵연폐기훼야黙然閉其喙也, 주둥이 훼 자, 입을 다물고 말을 하지 않는다는 말이야.

의위천지지도意謂天地之道. 불용이언진不容以言盡.
다언즉매매지어자궁多言則每每之於自窮.
불여묵연이망언不如黙然而忘言.

의위천지지도意謂天地之道, 천지의 도는 불용이언진不容以言盡, 말로 할 수 있는 세계가 아니야. 도가도는 비상도지요. 말로 할 수 있는 세계가 아니야. 다언多言, 말을 많이 해놓으면 즉매매지어자궁則每每之於自窮, 다 나중에 자기가 막히게 돼. 불여묵연이망언不如黙然而忘言, 가만히 있고 잊어먹는 것만 못해. 득의망언이야. 뜻을 얻었으면 말을 잊어야 해. 요전에 장자에 나왔지요, 망언忘言이라고.

자왈子曰. 여욕무언予欲無言. 천하언재天何言哉.
사시행언四時行焉. 백물생언百物生焉. 역차의야亦此意也.
단성인지어但聖人之語. 수이이명粹而易明.

자왈子曰, 공자가 말하기를 여욕무언予欲無言, 나는 통 말 안 하려고 그런다. 천하언재天何言哉, 하늘이 뭐 말하던가.

사시행언四時行焉, 사시가 돌아가고, 백물생언百物生焉, 백물이 나와도, 다 말이 없다. 역차의야亦此意也.

단但 성인지어聖人之語, 성인의 말은 수이이명粹而易明, 아주 순수하고 알기 쉬워.

차서즉고무출입此書則鼓舞出入. 사인난효使人難曉.

차서此書, 그런데 이 5장은 즉고무출입則鼓舞出入, 너무 들쑥날쑥해. 잘 모르겠다 그 소리지. 사인난효使人難曉, 사람으로 하여금 아주 알기 어렵게 만들어.

자기나 알기 어렵지, 뭐 딴 사람도 알기 어렵나.

혹자이위계인지다언或者以爲戒人之多言.
즉여상의불관의則與上意不貫矣.

혹자或者 이위계인지다언以爲戒人之多言, 어떤 사람은 말 많이 하지 마라, 그렇게 해석하는데 즉여상의불관의則與上意不貫矣, 그렇게 하면 말이 안 된다.

이 사람은 어떻게 했나 그러면, 맨 처음부터 잊어먹어라, 잊어먹어라 이렇게 해야 일이관지가 되지, 말 많이 하지 마라, 그런 말은 아니라 이거지.

여차간득파如此看得破.
비유일장지중수말관천非惟一章之中首末貫串. 어의명백語意明白.
이기문간묘고고而其文簡妙高古. 역기이도재亦豈易到哉.

넉넉한 나라 77

여차간득파如此看得破, 이렇게 알아야 비유일장지중수말관천 非惟一章之中首末貫串, 이 한 장이 처음, 가운데, 끄트머리가 꿰 뚫어지지 않는 데가 없어. 어의명백語意明白, 그래야 말의 뜻이 확실하다.

이기문간묘고고而其文簡妙高古, 문장이 너무 간단하고, 너무 오묘하고, 너무 높고, ― '옛 고古' 자는 아주 '기풍이 높아서' 라는 말이에요 ― 너무 기풍이 높아서, 역기이도재亦豈易到哉, 쉽게 알기는 정말 어려운 글이다.

그 말은 다 옳죠. 그 말은 다 옳은데, 이 사람이 지금 '추구'라는 걸 잘못 해석해가지고 엉뚱하게 몰고가서 그 결과 '과화'라는 말도 그만 엉뚱하게 해석하고 말았어요.

제6장

곡신谷神, 어머니 신神

어머니에게서는
모든 만물이 한없이 흘러나온다.

第六章 谷神不死

谷神不死. 是謂玄牝.
玄牝之門. 是謂天地根.
綿綿若存. 用之不勤.

곡신불사谷神不死란[1] 4장에 "도道 충이용지沖而用之 혹불영或不盈" 하는 것과 같은 얘기죠.

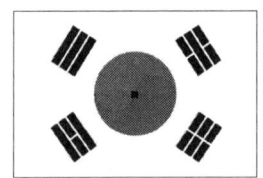

태극기에서 동그라미가 무극無極이고. 그 가운데 점찍은 것, 그것은 하나라는 것이고, 태극太極이죠. 그리고 가운데 S자로 된 것, 그것이 소위 음양陰陽이죠. 그래서 빨간 것하고 파란 것하고, 이렇게 색칠해 놨어요. 하나는 양陽이고 하나는 음陰이고.

---
1. 〈제9강 2005년 3월 27일〉

그걸 보통 양의兩儀라 그래요. 그러니까 무극, 태극, 양의 이렇게 되죠.

"곡谷"은 무극에 해당하죠. 그리고 "신神"은 태극에 해당하는 거죠. 그리고 "불사不死"는 이 S자에 해당하는 거예요. 영원이라는 뜻이니까 이렇게도(0분의 1은 무한대) 쓸 수 있죠. 영원이라는 뜻이니까. 불사不死는 영원이라는 거죠. 서양식으로 말하면 신, 자연, 영생, 이런 거나 마찬가지 얘기지요.[2]

그런데 이 신을 주역의 설괘에 보면 묘만물妙萬物, 이렇게 썼어요. 신이라고 하는 건 묘만물이라. 모든 만물을 묘하게 한다.[3]

이 묘妙라고 하는 말이 상당히 재미있는 말이에요. 묘향산妙香山 힐 때 묘 사. 묘법연화경妙法蓮華經 — 법화경의 본래 이름이죠 — 할 적에도 묘 그랬어요. 묘라는 건 아주 최고라. 또 이길 승勝 자 써서 최승最勝, 절대. 절대라는 건 다른 것하고 통 비교할 수 없는, 말하자면 독특하다 이거지요. 그리고 불가사의하고 신비한 것, 사람의 생각으로는 도저히 알 수 없는 것, 그리고 자유, 자주, 이렇게 여러 가지 뜻을 집어넣어가지고 한 자로 '묘' 이렇게 표시한 거죠.

한문자라는 것이 표의문자表意文字가 돼서 발음하는 글자(표음문자表音文字)하곤 달라요. 서양말은 다 그냥 발음하는 대로

---
2. p. 89의 표 〈형이상의 세계〉 참조.
3. 김흥호, 〈설괘전〉, 『주역 강해』, 권3(서울: 사색출판사, 2004), p. 300. "神也者 妙萬物而 爲言者也(신이라 함은 만물을 신묘하게 할 때 하는 말이다)."

쓰는 거니까, 말 하나에 뜻 하나밖에 없어요. 근데 한분자는 하나의 말, 한 글자에 여러 가지 뜻이 있는데 그 가운데도 이 '묘妙' 자 같은 거, 이게 뜻이 굉장히 많아요. 그래서 신이라는 게 뭔가? 묘만물이라.

예를 들면, 벌이 꿀 따러 얼마나 가나? 멀리 갈 때는 삼십 리를 간다. 그러니까 신촌에서 영등포까지 꿀 따러 간다는 말이죠. 거기서 꿀을 따가지고 돌아온다. 오다가 비가 내리면, 일주일 비 오면, 나무 잎사귀 밑에서 한 주일을 그냥 붙어 있어요. 붙어 있다가 돌아오면 자기 벌통 속으로 곧장 들어가요. 들어가서 자기 옆에 있는 벌한테 촉각을 조금 움직여준다. 그렇게 하면 그 옆에 있는 벌이 곧장 날아서 영등포까지 가서 먼저 간 벌이 앉았던 그곳에 가서 딱 앉는다. 자, 이런 거, 이거 소위 '묘妙'라 그런다. 어떻게 그렇게 되지요? 요새 뭐 컴퓨터니 인터넷이니 아무리 해봤댔자 그렇게까진 안 될 거예요.

벌은 여기서부터 거기까지 가는데 결국은 시간, 공간을 초월했다는 거죠. 시간, 공간을 초월해 있어. 여기서 영등포까지 우리는 삼십 리라 그러지만 벌의 세계는 삼십 리가 아니야. 그냥 고개야. 그러니까 가지, 그러지 않고서 어떻게 가겠어요. 시간, 공간을 초월했다 이거지요. 출생사란 말이지. 생사를 초월했다. 생사를 초월했단 말이 쉽게 말하면 시간, 공간을 초월했다, 그 소리거든. 그래서 난 자꾸 4차원의 세계라 그러죠.

딱 가서 꿀을 따가지고 돌아온다. 이런 걸 소위 묘라고 그래요. 이 묘라는 것이 정말 신통한 거지. 어떻게 그렇게 되는 건지. 이 자연이라고 하는 거, 하나하나가 다 묘야.

꿀벌만 그런 게 아니고 벼룩도 톡 튀면, 자기 몸의 사십 배를 튀어 올라간다. 이것도 신통하지 않아요? 코끼리건 쥐건 다람쥐건 뭐든지 다 묘지, 만물 가운데 묘 아닌 건 없다. 그 가운데 특별히 사람이 더 묘지. 어젠 텔레비전에서 디지털 카메라 얘기 하더라고. 난 그런 거 있는 줄도 몰랐는데, 그 보니까 정말 신통하더라고. 그거 만들어낸 게 사람이야. 사람처럼 묘한 게 없어요. 사람은 물론이고 모든 만물이 다 묘하지, 묘하지 않은 건 하나도 없어. 그걸 묘만물이라 이렇게 말한다.

묘만물妙萬物 하게 하는 게 누군가 그러면 그걸 신이라고 한다. 동양 사람들의 말이죠. 기독교의 신관하곤 달라요. 기독교의 신관은 천지를 창조했다 이거지. 그런데 동양 사람들의 신관은 천지만물의 묘라. 천지만물을 신통하게 하는 그 능력을 집어넣어줬다 이거거든. 그래 이거 창조설하고 좀 달라요.

곡谷이라고 하는 거는 텅 빈 거니까. 허무라 할 수도 있다. 허무라. 묘만물. 거기 부진不盡, 다함이 없다. 끝이 없다. 어디 가서 끝이다, 이게 없어. 부진이야.

허무와 같은 말인데 불교의 진공, 진짜 텅 비었다. 요전에 내가, 이건 아무것도 없다는 말이라 했죠. 정말 무가 되고 만다.

이건 '내가 없다'는 말이다. '내가 없다'는 말이 실존이거든. 실존이라는 건 '내가 없는 세계'죠. 그러니까 진공이에요.

묘만물, 만물이라고 하는 건 묘라. 진공묘유眞空妙有야. 진공묘유라야 적멸寂滅의 세계가 돼. 불교에서는 아주 제일 좋은 세계가 적멸의 세계라 그러죠. 극락세계가 어딘가 하면 적멸이야.

진공이란 말이 노자에 오면 뭐가 되나? 무위無爲가 된다. 진공, 공空도 텅 빈 거지만 그것이 무無 자로 바뀌면 무위가 되지. 진공이라는 말과 무위란 말이 같아지고 말거든. 그래서 묘유는 자연이라, 이거거든. 자연이 묘유야. 이것이 무위자연無爲自然, 이렇게 돼요. 무위자연이 뭔가 그러면 장생長生, 도교에서는 장생 이렇게 말하죠.

불교에서도 『무량수경無量壽經』이라는 경 속에 보면 극락이 어떤 덴가? 무위자연이라. 극락세계라 그럴 때 기독교로 말하면 하늘나라, 천국이지, 그런 극락세계가 어떤 덴가 하면 무위자연이라 이렇게 표현하는 거지. 그러니까 무위자연이란 말이 노자 계통의 사상만은 아니에요. 불교에도 있죠.

기독교에서는 무위라는 말 대신에 진리란 말을 쓰는데, 무위나 진리나 같은 말이죠. 진공이나 진리나 같은 말이죠. 불교에서는 진여眞如라, 같을 여如 자, 진여라 그래요. 진여나 진리나 이것도 같은 말이죠. 기독교식으로 표현하면 진리지. 자연이란 말 대신 기독교에서는 자유라 그래요.

무위자연을 사전에서 찾아보면 유무를 초월해서 — 생사를 초월했다는 말이지 — 절대적이고, 독립적이고, 자유라 이렇게 해설해놨어요.

그러니까 무위자연이란 말 속에 자유란 뜻이 또 들어가요. 기독교에선 진리가 너희를 자유롭게 하리라. 자유롭게 해서 어떻게 돼? 영원한 생명을 얻는다. 영생이거든. 일도一道, 일도가 뭔가? 출생사出生死야. 그래서 일체무애인一切無碍人이야. 우리가 밤낮 하는 소리죠.

일도一道 하는 건 우리가 늘 뭐라 그러죠? 몰두하는 거지. 물속에 머리를 집어넣고 몰두하면 출생사야. 붕 뜬다. 붕 뜬 것, 이것이 자유라. 뜨지 않으면 그냥 가라앉고 마니까 자유가 될 수 없어. 근데 이거 붕 뜬다. 대승大乘, 소승小乘 할 때 승乘이라는 게 뭔가 하면 붕 떴다 이거거든. 그래 붕 뜬 사람을 부처라 이렇게 말한다. 중국에선 붕 뜬 사람을 성인이라고 하죠. 기독교에서는 붕 뜬 사람을 그리스도라 그래요. 붕 떠야 일체무애인, 어데나 갈 수 있다. 어데나 가서 모든 사람들을 구원해줄 수 있다 이거거든.

오늘이 부활절인데, 이 금요일이 십자가를 진 날이죠. 십자가라고 하는 건 몰두하는 거거든. 부활절이라고 하는 건 뭔가? 붕 떴다 이거지. 예수가 어디에 몰두했나? 하나님께 몰두했다.

로마서 12장 1절. 십자가가 뭔가? 너 자신을 하나님께 산

제물로 드려라. 산 제물로 드려라, 이것이 십자가야. 예수님이 하나님께 자기 자신을 어린양의 상징을 써가지고 산 제물로 드리는 거거든. 산 제물로 드리라는 게, 우리도 다 하나님께 우리 자신을 산 제물로 드려야 되거든. 그러니까 하나님의 세계에 우리가 몰두해 들어가는 거거든. 그렇잖아요? 우리가 하나님께 들어가게 되는 거고, 우리가 하나님을 만나게 되고, 하나님은 또 나를 만나게 되고, 그래서 내 속에 있는 모든 문제가 해결되는 거지. 모든 문제가 해결되면 죄 사함을 받았다. 죄가 사해지는 거지. 불교에선 번뇌로부터 벗어났다 이렇게. 이것이 소위 열반이라는 건데, 열반이라는 건 번뇌에서 벗어났다, 해탈이라 그거지. 번뇌에서부터 벗어나는 거야.

이 노장사상은 언제나 자기 자신을 없이해야 된다. 자기 자신이 없어져야, 내가 없어져야 된다. 나 때문에 문제가 생긴다. 이기주의라는 게 없어져야 된다라는 거죠. 나, 나, 그러기 시작하면 그때는 남을 돌보지 않게 되니까, 나중에는 자기 아버지도 죽이게 되고, 자기 선생님도 죽이게 되고, 자기만 알지 남은 통 모르게 된다. 이것이 모든 죄악의 근원이라. 모든 죄악의 근원은 뭔가 그러면 나다. 이것이 소위 노자의 사상이죠. 모든 번뇌, 이것이 내 문제라는 게 또 불교의 사상이죠.

기독교에서는 죄라는 것, 이것이 또 모든 사람의 문제라는 거죠. 나중에는 하나님도 모르게 돼. 하나님도 모르게 된다는 것을 우리가 불신이라 그러죠. 믿음이 없어지고 마는 거지. 그래서 하나님은 없다 이렇게 되고. 하나님은 모른다, 이렇게 되면 자기 아버지도 모른다 이 소리거든. 아버지도 모른다. 난 돈밖에 모른다. 돈 밖에 모른다는 말이 뭔가? 난 나만 안다 이거거든. 아버지를 공경할 줄 모른다. 선생님을 공경할 줄 모른다. 선생을 죽이는 사람도 있고, 아버지를 죽이는 사람도 있고. 이게 다 뭔가? 자기만 살겠다고 하는 이 나 때문에, 나 때문에.

이게 소위 노자의 사상이죠. 그래 노자에서 제일 나쁘다 하는 게 뭔가 하면 나다, 나다라는 거죠. 그 나를 없이하는 게 뭔가? 무위라. 나를 없이하는 게 무위다. 이런 것을 생각하는 사람들의 말은 다 다르시만, 따져보면 다 같은 말이죠. 내가 없어져야 된다. 번뇌가 없어져야 된다. 내 욕심이 없어져야 된다. 죄가 없어져야 된다. '없어지는 세계'를 십자가라 그러는 거죠. 십자가라고 하는 건 사통팔달이야. 뻥 뚫렸어. 동서로도 뚫리고, 남북으로도 뚫리고. 이것을 '십자가의 도'라 해요. 길 도 자죠. 십자가의 도, 도라고 하는 건 뭔가 뚫려야 된다는 거예요.

요전에 도충이용지道沖而用之, 도라고 하면 뚫려야 쓰지, 막혀 놓으면 쓰지 못한다. 혹시라도 막히면 혹불영或不盈이야, 혹시라도 막히면 안 돼. 뚫려야 된다. 도는 통해야 된다. 자, 이런 통한다는 사상, 도가 통해야 자동차가 왔다 갔다 하지, 자동차가 신나게 다니지, 그렇지 않으면 어떻게 꼼짝 못하게 된다. 그렇게 돼야 우리가 살지, 그렇지 않으면 못 산다 이거죠. 전부 이런 식의, 글자가 조금씩 다 다르지만 말하려는 내용은 다 같아요.

'길이 뚫려야' 하는 게, 소위 곡곡, 허무虛無, 진공眞空, 무위無爲, 진리眞理, 일도一道, 십자가, 이거 다 길이 뚫려야, 그리고 '붕 떠야' 부활이죠. 죽음의 세계에서도 붕 떠야 부활이지. 붕 떠서 승천한다고도 그러고, 붕 떠서 영생한다고도 그러고. 또 붕 떠서 어떻게 되나? 다시 성육신이 되는 거예요.

일도一道 출생사出生死 일체무애인一切無碍人 하는 걸 기독교로 말하면 십자가, 부활, 성육신, 이렇게 돼요. 그래 이것이 결국 다 연결되는 거지. 십자가 하나 가지곤 아무 쓸데없다 이거죠. 그렇잖아요? 일도만 해가지고 뭐하겠어요? 사람이 댕기든지 자동차가 댕기든지 뭘 해야지, 길만 뚫어놓고 아무것도 못 다닌다 그러면 무슨 소용이에요. 일도가 되면 언제나 출생사, 붕 뜬다. 부활復活, 신神, 묘만물妙萬物, 묘유妙有, 자연自然, 자유自由. 자유가 있어야지, 길이 뚫렸는데도 자유가 없다 그러면 무엇에 쓰겠어요. 무극이 태극이어야지, 무극만 해놓으면 이건 아무 쓸데없다. 무극이기만 하면 안 돼. 그게 태극이어야지. 태극만 있으면 안 돼. 다시 양의, 음양이 돼야지. 그래서 불사不死, 부진不盡, 적멸寂滅, 장생長生, 영생永生, 일체무애一切無碍,

성육신成肉身, 다 이렇게 돼야지, 이거 안 되면 아무것도 안 돼요.

〈형이상의 세계〉

0	1	∞
무극	태극	음양
곡	신	불사
허무	묘만물	부진
진공	묘유	적멸
무위	자연	장생
진리	자유	영생
일도	출생사	일체무애인
십자가	부활	성육신
하나님	예수 그리스도	성령

0은 신, 기독교로 말하면 하나님이죠. 1은 예수 그리스도, ∞는 성령, 이렇게 삼위일체가 돼야지, 하나님만 있다 그러면 하나님 혼자 어떻게 할 거야? 예수만 있으면 또 어떻게 할 거예요? 그래 이건 반드시 성령이라는 게 있어가지고 예수를 도와줘야 교회가 생기게 되고, 사람이 살게 되고 그러지, 그거 없으면 어떻게 할 거예요? 언제나 삼위일체가 돼야지.

머리 하나 가지고 뭘 할 거예요? 반드시 가슴이 있어야지.

그래야 숨 쉬지. 가슴만 있으면 또 뭘 할 거예요? 배가 또 있어야지. 그렇지 않아요? 그러니까 머리, 하나님도 있어야지. 가슴, 예수님도 있어야지. 배, 성령도 있어야지. 이게 삼위일체가 돼야 언제나 하나가 되는 거지, 어느 하나만 있으면 절대 안 되지.

 기독교의 문제는 십자가 그러면 십자가로만 안다. 부활 그러면 부활로만 안다. 성령 그러면 성령으로만. 이게 연결이 안 되는 거지. 이게 언제나 연결이 돼야 하는데.

 네 몸을 하나님께 산 제물로 바치라. 그다음에 또 뭐야? 바치라 했으면 그거로 끝이 아니죠. 너는 이 세상을 본받지 말고 마음을 새롭게 해서 새 사람이 돼라. 이게 부활이란 말이지. 새 사람이 돼야지. 새 사람이 되면 또 뭘 하나? 그다음엔 하나님의 온전하시고 기뻐하시고 자비하신 뜻이 뭔지, 그걸 네가 분별해야 된다. 이게 성육신이거든. 성령이 하는 게 뭔가 그러면 그거 분별하게 만들어 주는 거거든. 그러니까 언제나 이 세 가지가 연결이 돼야지, 연결 안 되면 그냥 그건 머리만 있는 사람, 가슴만 있는 사람, 배만 있는 사람, 그래서 뭐하겠어요? 아무 쓸데없는 거지. 밤낮 십자가, 십자가해서 뭘 하겠어요? 부활이 따라야지. 또 부활만 있으면 뭘 하겠어요? 거기에 성령이, 오순절의 성령이 그래도 좋고, 성육신 그래도 좋고, 성령이 혹은 성육신이 따라와야지, 그렇지 않으면 그거 아무 쓸데없는 거지. 난 하나님만 믿는다, 이럴 순 없는 거지.

이 하나님만 믿는다, 이거 강조하는 사람들이 말하자면 지금 아랍 사람들이지. 유태 사람들, 이거 하나님만 믿는다, 이런 사람들이 그 사람들이지. 예수님만 믿는다, 이런 사람들도 지금 로마니, 희랍이니 이런 사람들이지. 인도의 불교도 그런 사람들이지. 그런데 이 성령을 믿는다, 이 사람들이 동양 사람들이죠. 중국 사람들이지. 우리 한국 사람들도 이게 강해요.

이건 어디서 나오나 그러면 집안에 어머니가 주인인가? 아버지가 주인인가? 아들이 주인인가? 그 차이죠. 집안에서 어머니가 주인이 되는 집안도 많지요. 우리 집은 어머니가 주인이죠. 왜 그런가 하면 우리 아버지는 일찍 돌아가셨으니까 내내 어머니가 주인이지. 언제나 어머니가 주인이에요. 어떤 집에 가면 아버지가 주인이시. 어머니는 꼼짝 못하는 집도 있지. 어떤 집에 가면 아들이 주인이지. 아들이 하자는 대로 다 하지 어느 누구도 꼼짝 못해. 어머니가 주인인가? 아버지가 주인인가? 아들이 주인인가?

주인인가 하는 게 뭔가 하면 신이란 말이거든. 신이 뭐에요? 주인이죠. 아버지가 주인이어야 하는 건 유일신이라는 거지. 유일신은 뭐라 그럴까, Theism, 신 중심이지. 그런데 어머니 중심이라 하는 것, 이게 지금 자연이라는 거지. 자연, 자연신. 이 자연이란 말을 아리스토텔레스는 둘로 갈라서 능산적能産的 자연, 소산적所産的 자연, 이렇게 말해요. 여기서 말하는 신, 이건 능산적 자연이거든. 능산能産이 뭔가? 어머니라 이거죠. 어머니가 늘 능산이고 아이들은 소산이지. 그러니까 이 어머니의 종교, 이게 능산적 자연이고, 이게 소위 곡신이라는 거거든. 어머니가 주인이 되는 거지.

이걸 철학에서는 보통 범신론汎神論이라 그래요. 서양에선 유명한 스피노자가 자연즉신이라 그랬죠. 지금 이 신이라는 건 뭔가 그러면 '묘만물' 하는 신이죠. 어머니 같은 신이지. 그런데 기독교의 하나님 할 때는 아버지 같은 신이지.

아들 같은 신 그럴 땐 예수 그리스도지. 예수 그리스도가 아들로서의 신이지. 불교에서는 부처 그럴 땐 그건 아들로서의 신이지. 그건 하나님의 신도 아니고, 어머니의 신도 아니거든. 아들로서의 신이지. 이제 그렇게 되면 보통 휴머니즘이라는 거지.

우리가 서양 철학을 볼 때, 고대는 자연이에요. 플라톤, 아리스토텔레스 같은 이들은 자연이 뭔가? 아리스토텔레스는 자연은 신이다. 아리스토텔레스의 신이라는 건 자연이거든. 그래 이건 범신적인 거죠.

그런데 중세가 되면 신의 시대 그럴 때는 기독교의 신이죠. 최근에 와서 휴머니즘 그럴 땐 이건 인간본위의 신이고. 그러니까 아들이 신 노릇하느냐? 어머니가 신 노릇하느냐? 서양에서는 어머니가 신 노릇하다가 그다음에 아버지가 신 노릇하다가 요샌 아들이 신 노릇한다. Humanism(아들이 신, 인간본위의 신),

Theism(아버지가 신), Naturalism(어머니가 신, 범신, 자연신), 이렇게 되거든요.

우리 동양에서 불교 그러면 사람이 신이 된다는 거지요. 인내천 하는 것도 같은 말이지. 천도교에서 인내천도 사람이 신이라는 거지. 부처라는 게 뭐야? 사람이 신이다 이거거든.

그런데 유교쯤 되면 하늘이 신이다 이렇게 되니까 기독교의 유일신 사상하고 가까워요. 여기선 제일 중요한 게 뭐냐? 아버지가 신이다. 집안에서 제일 중요한 이가 아버지다. 나라에서 제일 중요한 이가 누군가, 왕이다. 세계에서 제일 중요한 이가 누군가, 선생이다. 왕, 선생, 아버지, 이 세 가지를 합친 것이 소위 우리가 메시아라고 하는 거지요. 메시아라고 하는 게 뭐예요? 예언자, 선생이지. 왕, 왕이지. 그리고 제사장, 이 제사장이라는 게 아버지라는 거지. 집안의 아버지가 제사장이니까. 그래서 이걸 삼강이라 그런다. 삼강오륜三綱五倫 할 때 삼강이에요. 삼강을 서양에서는 메시아, 그걸 다시 번역하면 그리스도, 그리스도라는 게 뭔가 하면 왕도 되고, 아버지도 되고, 선생도 되고, 세 가지가 합쳤다는 거거든.

그러니까 어머니 시대, 아버지 시대, 아들 시대, 이 세 가지 때문에, 유교 그러면 이거는 아버지를 주로 생각하는 거고, 도교 그러면 어머니를 주로 생각하는 거고, 불교 그러면 아들을 생각하는 거죠.

기독교 속에도 그것이 다 있어요. 엄마, 아빠, 아들, 이것이 다 있어요. 기독교는 이미 그 셋을 다 가지고 있기 때문에 어디 가든지 잘 막히질 않아요. 곡신 나오라 그러면 성령을 갖다 내놓으면 되고, 아들 신 나와라 그러면 예수 갖다 놓으면 되고, 아버지 신 나와라 그러면 하나님 갖다 놓으면 되고. 기독교라는 건 이 삼위가 일체된 거거든. 기독교에는 불교도 수용할 수 있고, 유교도 수용할 수 있고, 도교도 수용할 수 있는, 그 기틀을 가지고 있다. 어데 가서도 견뎌낸다.

그런데 이 마호멧 그러면 알라 이렇게 되니까, 그걸 너무 강조하게 되니까 다른 건 좀 받아들이기 어렵게 되고 만다 이거지. 언제나 이 세 가지, 머리도 있어야 되고, 가슴도 있어야 되고, 배도 있어야 되고. 이 세 가지를 가지고 있어야 되지, 어느 것 하나만 강조하면 불구가 되고 만다. 이게 뚫리려면 언제나 세 가지가 다 있어야 한다.

곡신이라는 건 아버지 신도 아니고, 아들 신도 아니고, 어머니 신이다. 이 어머니 신이라는 걸 옛날에 어떻게 생각했나 하면 은하수를 우유가 쏟아지는 걸로 생각했다. 소위 밀키 웨이라는 거죠. 은하수의 뿌리는 젖꼭지다. 또 몸뚱이는 뭔가? 소라고 해서 이 우주를 뭘로 비유했나 하면 소로 비유했다. 우주가 소야. 그래서 유태 사람들이 애급으로 돌아가려고 할 때 뭘 했나 그러면 황금 송아지를 만들어서 절했다 그거거든. 애급이라는 건 범신론이죠.

중국 사람들도 황하에다 쇠로 큰 소를 만들어서 그 소에게 제물을 갖다 바쳤거든. 이거 다 범신론이지. 우주즉신이니까. 자연즉신이나 마찬가지로. 우주를 무엇으로 비교했나 그러면 소로 비유했다. 특별히 이 범신론이 강한 나라가 인도지. 인도에 가면, 아직도 소는 신성한 동물이거든. 그래 소 잡아 죽이면 사람 잡아 죽인 거나 같이 벌줘. 그만큼 그 사람들 범신론이 강하니까 소가 그렇게 중요하다. 간디 같은 사람도 깬 사람이지만 소 잡는 데는 찬성 안 한다, 이런 말을 하게 되거든. 왜 그런가? 힌두이즘이라는 게 범신론의 세계니까. 그 범신론에서 불교라고 하는 건 말하자면 휴머니즘으로 바뀌는 거지요. 그렇게 되니까 우리 동양이라는 게 범신론의 세계란 말이죠. 이런 범신론의 세계인데, 우리에게는 유일신 사상이 유교에 조금 있긴 있지만 약하죠. 또 휴머니즘도 우리는 약해요. 우리에게는 제일 강한 것이 범신론이라 하겠죠.

곡신불사谷神不死. 시위현빈是謂玄牝.

자, 그래서 제6장은 곡신불사谷神不死야. 어머니 신은 죽지 않아. 죽지 않는다는 말은 뭔가? 어머니에게서는 모든 만물이 한없이 흘러나와. 부진不盡이라. 다함이 없다. 곡신불사谷神不死

시위현빈是謂玄牝이라. 현玄 자는 하늘이라는 현玄 자예요. 하늘 천天, 따 지地, 검을 현玄, 누를 황黃 할 때 하늘을 현이라 그러거든. 하늘을 쳐다보면 까맣다 그래서 현이라는 거죠.

현빈玄牝, 빈牝이라는 건 암소라 이거거든. 현빈, 하늘이라고 하는 걸 암소로 비유한다. 하나의 상징이지요. 그러니까 이 우주를 뭐라고 생각하나? 암소로 생각한다는 거죠.

현빈지문玄牝之門. 시위천지근是謂天地根.
면면약존綿綿若存. 용지불근用之不勤.

현빈지문玄牝之門, 현빈의 문이 어디 있나? 암소의 젖꼭지다. 시위천지근是謂天地根, 그 젖꼭지에서 천지가 나오게 된다. 면면약존綿綿若存, 솔솔, 솜에서 실 뽑듯이 계속 나온다. 이게 은하수지요. 이런 걸 철학에서는 소위 유출설流出說이라는 거죠. 자꾸 흘러나온다.

서양 철학에서 네오플라토니즘의 플로티누스[4]라고 하는 사람이 소위 유출설이라는 걸 발표해요. 거기서 'The One' 하는 게 뭔가 하면 이 곡신이란 말이죠. 그 곡신에서부터 모든 만물이 자꾸 흘러나온다. 창조신과 곡신의 차이란 말이지. 자꾸 흘러내려온다. 자연이라는 건 자꾸 흘러내려온다. 얼마든지 흘러내려온다 이거거든. 이런 걸 소위 창조설에 대해서 유출설이라

4. 플로티누스(Plotinus, 204/5~270): 고대 그리스 철학자. 서양 신비주의 개조라고 한다.

말해요.

면면약존 하는 게 뭔가? 계속 흘러내려온다. 이 사람들이 제일 좋아하는 건 어디다가 비유하나 하면 요 다음 시간에 나오는 물에 비유하거든. 물이 흘러내리는 게 골짜기지. 앞으로 8장에 가면 물이 제일이다 이렇게 또 나오거든. 왜? 유출설에 해당하는 거지. 흘러내려온다, 흘러내려온다, 자꾸 흘러내려온다. 창조설은 소위 유일신 사상에서는 창조설이고, 이런 자연신 사상에서는 유출설이 되는 거지요.

하이데거의 신도 이 유출설의 자연신이죠. 하이데거도 가만 보면 속에 자연신이 있어요. 서양에서도 자연신이라는 게 많아요. 본래 희랍도 다 자연신이죠. 희랍 철학이 강하게 되느냐, 기독교 신학이 강하게 되느냐. 희랍 철학이 강하게 되면 무신론적 실존주의가 나오고, 기독교적인 것이 강하게 되면 유신론적 실존주의가 나오고. 유신론이냐, 무신론이냐, 이게 자꾸 나오는데, 무신론의 없을 무無 자는 이 곡谷과 같은 거예요. 무라는 말이 없다는 말이 아니에요. 범신론이라 그 소리지. 그러니까 불교 그러면 무신론이라 그러지만 무신론이 아니야. 범신론이야. 범신론이 뭔가? 우주가 신이라 이거야. 우주가 신이라.

그런데 기독교는 뭔가? 우주를 창조한 이가 신이다 이렇게 돼. 이것이 기독교하고 범신론하고 다르지요. 그다음 다신론은 뭔가? 이 우주 속에 있는 조그만 것들, 산이고, 강이고, 이것들이 다 신이다, 이렇게 되면 다신론이 되죠.

그러니까 이 무無 할 때 무가 없단 말이 아니에요. 소위 우주라 이거지. 범신이죠. 주역으로 말하면 무극이죠. 무극이란 말이 없단 말이 아니에요. 한없이 많단 말이죠. 없단 말이 아니에요.

난 늘 그러지만 없을 무無 자 그럴 때 그건 큰 대大 자, 사십四十, 림林, 하늘에 아무것도 없는 게 아니야. 그 속엔 수십조, 백 조의 별들이 있는 거야. 보면 없는 거 같지. 없는 거 같지만 없는 게 아니야. 속에 묘만물이야. 허무 속에 무진장이라 그래. 무無 속에 무진장이라. 한없이 많이 들어가 있다. 자, 그런 사상이죠. 무신론 하면, 신이 없다 이런 말인 것 같은데 그게 아니야. 범신론이야.

서양에도 범신론자들이 많아요. 기독교에서 조금 멀어질라 그러면 범신론으로 가. 범신론에서 멀어지면 또 기독교로 가. 왔다 갔다 하는 거지, 딴 게 아무것도 없어요. 니체 그러면 범신론으로 가니까 신이 죽었다 이런 거지. 신이 죽었다 할 때는 범신론이란 말이지, 신이 없다 그 소리가 아니야. 자, 이런 걸 우리가 알고서.

현빈지문玄牝之門 시위천지근是謂天地根 면면약존綿綿若存, 한없이 한없이 흘러내려온다. 용지불근用之不勤, 아무리 흘러내려와도 불근이다. 근勤은 힘들다는 건데, 불근不勤이니까 힘든 것이 하나도 없어. 저절로 나오는 거니까 힘들 게 뭐 있나. 저절로 나오는 거니까.

권재구의

此章乃修養一項功夫之所自出. 老子之初意. 却不專爲修養也. 精則實. 神則虛. 谷者虛也. 谷神者. 虛中之神者也. 言人之神自虛中而出. 故常存而不死. 玄. 遠而無極者也. 牝. 虛而不實者也. 此二字只形容一筒虛字. 天地亦自此而出. 故曰根. 綿綿. 不已不絶之意. 若存者. 若有若無也. 用於虛無之中. 故不勞而常存卽所謂虛而不屈. 動而愈出是也. 晦翁曰. 至妙之理. 有生生之意存焉. 此語亦好. 但其意亦近於養生之論. 此章雖可以爲養生之用. 而初意實不專主是也.

차장내수양일항공부지소자출此章乃修養一項功夫之所自出.
노자지초의老子之初意. 각부전위수양야却不專爲修養也.

해설을 보면 차장此章, 이 장은 내수양일항乃修養一項 공부지소자출功夫之所自出, 요전에도 노자 도교 가운데 네 가지 파가 있다 그랬죠. 그 파의 하나가 소위 수양하는 파야. 그 수양하는 파에서 이 장을 특별히 좋아한다. 왜? 이 불사不死라는 말이 있으니까. 장생불사長生不死, 영원히 살겠다 해서 그 사람들이 만들어 놓은 게 불로초不老草죠. 불로초를 캐먹으면 죽지 않는다. 이거 다 신선사상이라는 거죠. 불로초 캐먹는다. 무슨 풀을 아홉 번 구워 가지고 먹으면 죽지 않는다. 그래서 구전영사

九轉靈砂라 그러죠. 이런 사람들이 나중에 연금술도 해보고 하는 사람들이죠. 이 수양하는 사람들이 이거를 좋아한다.

그러나 노자초의老子初意, 노자의 본 생각은 각부전위수양却不專爲修養, 수양 같은 거 문제 하는 게 아니라 이 우주의 근본을 말하자는 거다. 무슨 수양하자는 문제가 아니다.

정즉실精則實. 신즉허神則虛. 곡자허야谷者虛也.

정즉실精則實 신즉허神則虛, 수양하자는 거는 언제나 정즉실이다. 노자에서 수양이라 할 때는 언제나 참선이죠. 그걸 좌망坐忘이라 그러지. 좌망이라는 건 똑바로 앉아서 아랫배에 힘을 주는 거죠. 아랫배에 힘을 주면 아랫배에 뭐가 생겨요? 단丹이 생기는 거지. 성단成丹, 아랫배에 단이 생겨요. 그래서 아랫배를 주먹으로 딱 쳐도 팡팡 튀어요.

유영모 선생님은 일생을 요렇게 정좌하고 앉아 있었기 때문에 아랫배에 단이 생겼어요. 그래 주먹으로 치면 꼭 축구공 치는 거 같아. 그걸 소위 단丹이라 그래요. 뭐가 단이 되나? 전정성단轉精成丹이에요. 사람 속에 있는 정精이 돌아가서 단이 된다. 그래서 소위 독신생활이라는 게 나오게 되죠. 이 정을 자꾸 밖으로 버리고 말면 백 년 가도 단이 안 생기죠. 정을 안으로 들어 모으면 나중에 변해서 단이 돼요. 전정성단轉精成丹이야.

정즉실精則實이야, 이 정精을 돌리면 실實이 된다. 배가 실實하게 된다. 이거 참선도 마찬가지고, 요가도 마찬가지고, 다 마찬가지죠. 그래서 전정성단이다.

정즉실精則實이고 신즉허神則虛다. 그렇게 되면 머릿속은 무념무상이 되고 말아. 아주 시원하고 깨끗하고 정말 신즉허神則虛가 되거든. 정신이라고 하는 걸 허虛 그러면 없어진다는 게 아니야. 정신이 깨끗해진다 이거지. 물론 양생養生은 다 그거지요. 양생은 그건데 여기서 말하는 거는 곡자허야谷者虛也, 곡이라고 하는 거는 텅 비었다, 이렇게 해석해야 된다.

곡신자谷神者. 허중지신자야虛中之神者也.
언인지신자허중이출言人之神自虛中而出.
고상존이불사故常存而不死.

곡신자谷神者, 곡신이란 뭔가? 허중지신자야虛中之神者也, 텅 빈 속에 있는 신이야. 언인지신言人之神, 사람의 신神도 자허중이출自虛中而出, 언제나 텅 빈 데서 나와.
예수 그러면 예수의 신은 어디서 나오나? 금식에서 나온다 이거지. 그렇잖아요? 금식 40일에 예수의 신이 나오지, 금식 안 했으면 예수가 됐겠어요? 석가가 부처가 됐다는 거는 6년 일식一食 때문에 부처가 되는 거지, 일식 안 했으면 어떻게 부처가 됐겠어요? 그러니까 허중지신虛中之神이지. 신은 언제나 허에서 나오지, 허가 없으면 안 된다 이거지. 늘 그렇게 돼요. 어떤 종교든지 금식, 공자도 망식, 발분망식發憤忘食이지. 배가 불러가지고는 졸리기만 하지. 이 배가 텅 비어야 신이 나오지. 배가 부르면 졸리기만 해. 신이 안 나와. 그래서 언제나 허중지신虛中之神이라는 거죠.

에디슨도 발명할 때는 한 주일 아무것도 안 먹는다 해요. 한두어 주일 아무것도 안 먹어. 연구실에 밥 들여 넣어줘도 안 먹어. 나중에는 차도 안 마셔요. 그렇게 돼야 전기가 나오고, 축음기도 나오고 자꾸 나오게 되지, 배가 불러서는 그게 안 나와. 신의 세계는 언제나 배가 없어야 한다. 허중지신이야.

고상존이불사故常存而不死, 텅 비어야 그것이 상존이다. 없나고 하는 게 뭔가? 없이할래야 없이할 수 없는 것이 없는 거다. 유명한 말이죠. 개도 불성佛性이 있는가 그러니까 조주가 무無, 그랬다. 무가 뭔가? 그랬더니 '무무무' 없이할래야 없이할 수 없는 것이 무다. 그걸 우리가 보통 상존常存이라 그래요. 요샛말로 하면 존재라. 존재라는 것은 없이할래야 없이할 수 없는 건데 서양 사람들은 존재라 그러고, 동양 사람들은 무라 그래요. 절대무, 없이할래야 없이할 수 없는 것, 모든 만물의 근원. 뿌리는 없이할래야 없이할 수 없어. 뿌리가 없으면 내가 없어지는데, 하나님이 없으면 내가 없어지는데, 어떻게 우리가 하나님을 무시해. 하나님은 뭔가? 내 뿌린데. 그렇잖아요? 아버지가 누군데? 내 뿌린데. 아버지를 무시하면 내가 없어지는 건데. 자기의 뿌리를 무시하는 놈은 정말 미친놈이지. 그러니까 이 '무無'는 없이할래야 없이할 수 없는 걸 말하는 거다.

현玄. 원이무극자야遠而無極者也.
빈牝. 허이불실자야虛而不實者也.
차이자지형용일통허자此二字只形容一箇虛字.
천지역자차이출天地亦自此而出. 고왈근故曰根.

현玄, 현은 원이무극자야遠而無極者也, 아득히 멀어서 끝이 없는 거고, 빈牝, 빈은 허이불실자야虛而不實者也, 텅 비어서 채울 수 없는 거다. 차이자지형용일통허자此二字只形容一箇虛字, 이 두 자는 다 허 자를 묘사하는 거다. 허 자나 무 자나 같은 거죠. 천지역자차이출天地亦自此而出, 모든 천지가 어디서 나왔나? 하나님께로부터 왔다. 하나님은 뭔가? 하나님은 무無다. 왜? 없이할래야 없이할 수 없으니까. 그러니까 무라, 그러나 뿌리라, 그러니 같은 말이라 이거지. 고왈근故曰根, 무라고 그러든지, 존재라 그러든지, 하나님이라 그러든지, 이게 다 뭔가? 근根, 뿌리라. 내 뿌리야.

면면綿綿. 불이부절지의不已不絶之意.
약존자若存者. 약유약무야若有若無也.

면면綿綿이라 그러면 불이부절지의不已不絶之意, 계속해서 나온다. 약존자若存者, 약존이란 말은 약유약무야若有若無也, 있는 것 같기도, 없는 것 같기도 한데 결론은 뭔가. 있다는 말이지. 약유약무若有若無 그런다. 하나님이 있는 것 같기도 하고, 없는 것 같기도 한데 결국은 뭐냐, 있다. 왜? 내가 있으니까. 내가 있으니까 하나님이 있는 거지. 하나님이 있으니까 또 내가 있는 거지. 내 뿌리가 하나님이야.

용어허무지중用於虛無之中.
고불로이상존즉소위허이불굴고不勞而常存卽所謂虛而不屈.
동이유출시야動而愈出是也.

용어허무지중用於虛無之中, 허무 속에서 일하니까 고불로이상존故不勞而常存이야. 아무런 힘들이지 않고 계속 나온다. 즉소위허이불굴卽所謂虛而不屈 동이유출시야動而愈出是也, 텅 빈 것 같은데 얼마든지 나온다.

회옹왈晦翁曰. 지묘지리至妙之理.
유생생지의존언有生生之意存焉.

회옹왈晦翁曰, 주자가 하는 말이 지묘지리至妙之理, 주자는 유교도, 특별히 성리학자니까 허무, 그런 말을 쓰지 않고 지묘

至妙, 이런 말을 썼다. 영묘靈妙, 그런 말을 쓰는데, 영묘靈妙, 허묘虛妙, 무묘無妙, 다 같은데, 주자는 지묘지묘란 말을 쓴다. 지묘지리至妙之理는 이발기발理發氣發 하는, 이기理氣거든. 주자는 지묘지리, 진리라는 말로 썼다. 아까 기독교에서는 진리에서 자유가 나온다 그랬는데 이 성리학도 마찬가지죠. 이 도라 할 때는 그걸 진리라고 해석한다. 그래서 지묘지리야. 진리야.

유생생지의有生生之意, 기는 뭔가? 생생지라. 진리에서 생명이 나온다, 진리에서 자유가 나온다, 다 같은 거야. 생생지의. 이발기발이야. 이에서 기가 나와. 율곡은 뭐예요? 기발이승氣發理乘이야. 기에 이가 탄다, 이렇게 되지. 이기설이니까. 주자는 이지묘지즉생생지기理至妙之卽生生之氣 그래도 되는데 생생지의 生生之意라 그랬다. 이에서 기가 나온다, 존언存焉, 이렇게 말한 것뿐이다.

차어역호此語亦好.
단기의역근어양생지론但其意亦近於養生之論.
차장수가이위양생지용此章雖可以爲養生之用.
이초의실부전주시야而初意實不專主是也.

차어역호此語亦好, 주자의 말도 참 좋다. 단但 기의其意 역근어양생지론亦近於養生之論, 그런데 너무 양생론에 가깝다. 사단칠정四端七情에 가깝다. 차장此章 수가이위양생지용雖可以爲

養生之用, 이 장을 양생에 많이 쓰긴 쓰지만 초의실부전주시야 初意實不專主是也, 양생보다는 우주의 근본을 말하는 얘기다. 한 번 더 강조하는 거죠.

〈 노자 철학의 뿌리 〉

요전에도 설명한 것처럼, 태극기에서 이것이 무극이고, 이것이 태극이고, 이게 음양이죠. 양의죠.

요전에 내가 산을 그리고, 여기 얼음을 네모나게 그렸었는데, 무극하고 같이하기 위해서 오늘은 동그랗게 그렸어요. 이건 하늘이고, 이건 땅이고, 이게 사람이니까 천지인天地人 삼재三才나 마찬가지죠.

이 얼음이라는 게 결국 하늘의 구름이 내려와서 얼음이 된 거니까. 이건 하늘이고. 에베레스트, 이건 땅에서 제일 높은 데고. 이상세계라고 하는 게 지금 사람 사는 세계고. 그래서 이거 천지인 이렇게 되는 거죠. 그런데 오늘은 양의를 네모나게 했어요. 둘이니까 네모나게 하는 게 좋을 거 같아서 네모로 했어요.

요전에 말한 대로, 산의 제일 높은 데를 불교에서는 공空이라 그래요. 공에는 나도 없고, 너도 없어요. 기독교로 말하면 사랑, 자비 그런 세계지요. 여기 공에 우뚝 선 사람, 그걸 부처라 그러죠. 서양에서는 철인이라 그러죠. 언제나 독립, 우뚝 서는 게 필요해요. 그리고 이 산에서 흘러내려오는 물, 이걸 우리가 자유라 그래요.

이 산꼭대기에는 언제나 얼음이 있어야 되니까 이건 하늘하고 연결이 돼서, 하늘의 구름이 여기 와서 눈이 되고, 얼음이 되지요. 얼음이라고 하는 게 아주 차니까, 참 진眞 자, 진여眞如라 해요. 불교에서는 진여라, 기독교에서는 진리라 그러고, 이거 참이지.

그런데 이 참이라고 하는 게 결국은 내가 늘 절대자라 하는 하나님이지. 하나님 이상 더 참인 분은 없다. 또 우리가 하나님을 만날 때, 우리가 참이 된다. 그래서 참 혹은 진리, 이렇게 말하죠. 이 참을 만나야 에베레스트가 되지, 얼음이 없으면, 그거 에베레스트라 할 수 없어요. 남산이라고 하는 게 낫지, 차라리. 언제나 이 참이라는 게 중요해요.

또 진선미眞善美, 이렇게 말해도 되죠. 언제나 참이라는 게 중요하고, 이 공이라는 게 말하자면 선이라는 거지요. 또 사랑이라 그러고, 자비라 그러고, 선이지 결국은. 이 아름다운 세계라는 게, 미죠. 진선미 이래도 되는데, 우리가 보통 자유라 그러고, 이 산을 독립이라 그런다면, 이 얼음을 통일이라 그래요. 절대자와 만나면, 이게 통일이라 이거죠. 내가 하나님을 못 만나면, 그때까지는 내가 아직 분열의 세계에 있는 거지요. 그런데 하나님을 만나면, 내 정신이 통일 되지요.

진선미 그래도 좋고, 통일·독립·자유 이렇게 말해도 좋고. 시대에 따라서, 사람에 따라서, 여러 가지로 말하게 되죠. 그런데 그 여러 가지로 말하는 걸, 우리가 통째로 들여다봐서, 대개 이건 이런 걸 거라, 이렇게 짐작하는 게 낫다 이거지. 헌데 우리가 늘 말하고 싶은 건, 절대·철인·이상세계, 이거거든.

불교에서는 '절대'라는 말을 쓰지 않고, '심心'이라는 말을 써요. 마음 심心 자. 이건 왕양명도 같아요. 불교에서는 이걸(에베레스트) 불佛이라 그러죠. 그리고 이걸(땅) 법계法界라 그러는

데 말하자면 진리의 세계죠. 법계, 이상세계지. 보통 선禪에서는 이걸 그냥 物물, 한 자로 써요. 그래서 심·불·물, 이렇게 석 자로 간단히 써요. 이거 物물이라 그러나, 법계라 그러나 같다, 이렇게 생각하면 돼요. 진여·공·자유, 혹은 진·선·미, 혹은 통일·독립·자유, 어떻게 되건 이게 에베레스트니까.

사람의 본질이 뭔가 그러면, 이 독립에 있어요. 짐승은 벌벌 기어 다녀도, 사람만은 이렇게 우뚝 서야지. 우뚝 서야 이게 사람이지, 우뚝 서지 못하면, 이거 사람이 아니죠. 사람 사는 나라도 또 우뚝 서야지, 나라가 우뚝 서있지 못하고 독립을 못하면, 그건 나라도 아니죠. 사람의 특징은 독립이죠. 아이(I) 하는 것도 이기 독립이지, 아이(I) 해야 독립이지, 아이(I)가 없다면 독립이 아니다. 독립이 제일 중요해요.

독립한 사람을 불佛 그러기도 하고, 철인 그러기도 하고. 독립했다는 말은 상대를 초월했다는 말이죠. 반야심경般若心經에 보면, 제법공상諸法空相 불생불멸不生不滅 불구부정不垢不淨 부증불감不增不減, 아무케도 좋아요. 이쪽도 불不이 붙고, 저쪽도 불不이 붙고. 이쪽하고 저쪽하고 이건 원수다. 서로 대립돼있고, 서로 싸우려는 세계다. 서로 싸우려는 세계인데, 여기에 불不 그러면, 싸우지 않게 되는 거지.

이걸 소위 불이不二, 이렇게 말하는데, 나도 아니고 너도 아니고, 우리 둘이 같이, 같이 사는 세상, 이게 소위 이상세계라는 거죠. 그러니까 불이법문不二法門, 이런 말도 많이 쓴다. 이것하고 저것, 좌·우, 공산주의·자본주의, 언제나 이 대립되는 세계, 그 대립되는 세계를 우리가 상대세계라 그러는데, 혹은 요새 흔히 쓰는 말로 상극相剋이라 그러지. 서로 눈을 굴리고 싸우려고 하는 세계니까 상극의 세계지. 그 상극의 세계인데, 이 철인은 상극의 세계를 평화롭게 상생相生의 세계로 만드는 사람이죠.

요새 교황이 아주 위독하다 그러는데, 사람들이 자꾸 교황, 교황 그러는 이유는, 그 교황이 언제나 평화를 주장한 사람이라는 거죠. 교황이라는 사람은 말하자면, 철인이라는 거죠. 지금까지 내내 이태리 사람들만 교황 했는데, 그는 폴란드 사람이에요. 폴란드, 공산국가에 속한 사람이 와서 교황을 했다. 그런데 왜 그렇게 됐나? 그 사람은 일생 평화를 위해서 애쓴 사람이라. 그래서 교황을 잊을 수가 없다는 거죠. 이 교황은 세계가 싸움해도 자기는 언제나 우뚝 서서, 싸우면 안 된다, 우리 같이 살자, 이게 소위 상생이라는 거지. 같이 살자 그러고 25년 동안 야단친 사람이죠.

진여眞如·공空·자유自由 이렇게 세 가지, 언제나 절대자·철인·이상세계, 그걸 요전에도 말했지만, 이거 전체를 자연自然

이라 그러는 거다. 자연이라 할 때는, 진여를 자연이라 할 때도 있고, 공을 자연이라 할 때도 있고, 자유를 자연이라고 할 때도 있고, 그때그때마다 달라요. 다른데, 전체가 자연이라고 해서 무위자연無爲自然이라 그래요. 그러니까 자연이라는 말이 상당히 폭이 넓어요.

자연이란 상대를 초월해야 된다. 불생불멸해야, 상대를 초월해야 돼. 그리고 독립해야 된다. 그리고 진리와 하나가 돼야 한다. 그리고 자유가 있어야 된다. 사전 찾아보니까 그렇게 써 있어요. 진여·공·자유, 이런 것이 합해야 이것을 자연이라 한다는 거죠.

이제 노자 읽어보면, 자연을 부분적으로 어느 하나만 자연이라고 할 때도 있지만 또 어떨 때는 이 전체가 다 자연이라는 거예요. 자연이라는 개념을 넓게도 쓰고, 좁게도 쓰고, 그렇게 쓰는 거지요. 좁게 쓸 때는 자유라는 말이나 같아요. 그렇게 쓸 수도 있고, 좁게 쓸 때는 또 진리라는 말과도 같게 되고. 그러나 넓게 쓰면 이게 다 들어가요.

이게 노자 철학의 뿌리죠. 노자 철학의 뿌리가 이 자연이라는 거죠. 기독교에서는 하나님 그러지만, 여기서는 자연이라 그래요. 하이데거의 존재도 말하자면 자연이지 결국. 하이데거가 그렇게 노자를 사랑했다는 건, 노자하고 통하는 데가 있으니까 그렇게 사랑한 거죠.

⟨노자의 자연⟩

무극	태극	양의
○	△	□
얼음	에베레스트 산	물
하늘(천)	땅(지)	사람(인)
절대자	철인	이상세계
진	선	미
통일	독립	자유
심	불	물
진여	공	자유

여길보의 주

谷有形. 得一故虛而能盈. 神無形. 得一故寂而能靈. 人也守中得一. 則有形之身可使虛而如谷. 無形之心可使寂而如神. 有形無形合而不死. 古之人·以體合於心·心合於氣·氣合於神·神合於無. 合則不死. 不死則不生. 不生者能生生.

곡유형谷有形. 득일고허이능영得一故虛而能盈.

곡谷, 골짜기는 유형有形, 형태가 있다. 형태가 있는데 득일 得一, 절대자를 만나야, 이 골짜기가 절대자를 만나야, 이거 뭐라 그럴까요? 철인이라고 할 수는 없고, 뭐라 그래야 될까? 철물哲物이라고 해도 안 될 거 같고, 하여간 철哲 뭐야. 철곡哲谷이지. 곡谷, 골짜기니까. 철哲이라는 말은, 불교에서 말하는 각覺이나 같은 말이죠. 깨달았다 이거지. 공空이라는 말도 각이나 같은 말이죠. 깨달았다, 이거지. 그러니까 이 골짜기도 하나님을 만나면, 아주 깨달은 골짜기가 돼. 깨달은 골짜기가 되면, 어떻게 되나? 허이능영虛而能盈이야. 허虛라는 거하고 영盈이라는 거하고, 이거 반대지요. 이게 모순矛盾개념이지. 그 모순개념을 통일할 수가 있다. 그래서 언제나 왕이 나오면, 왕은 뭐하는 건가? 이거 반대, 상극相剋 세계를 통일하는 게 왕이거든.

우리 조선조 5백년, 당파싸움을 계속했다는 말은, 왕이 제 구실을 못했다 이거지. 왕 가운데, 그래도 세종대왕 정도가 왕이고, 나중에 영조도 좀 좋은 왕이지. 그런데 별로 왕다운 왕이 없었다. 단종 같은 이가 왕 돼 봤댔자, 12살이니까, 12살짜리가 왕이 되면 뭐 얼마나 잘 하겠어요? 그 외에는 세습제도의 큰 폐단이죠. 그래서 요새는 대통령을 뽑는다 그럴 때는 12살짜리를 뽑는 법은 없지. 세습제도가 되면, 그런 폐단이 나온다. 그런데 그렇게 해도 왕의 아들들이 똑똑하면 좋은데, 제대로 된 놈이 없으니까, 계속 당파싸움에 그냥 시달리고 만다. 이 당파를 못하게 했어야 이게 왕이고, 주主거든.

기독교에서는 그리스도가 나와서 어떻게 했나? 유태 사람과 이방 사람을 하나로 만들었어. 이번 교황도 자기가 유태 사람들하고 만나고, 유태 사람의 무슨 회의에도 가고, 어제 그러더라고. 그렇게 만나서, 아, 유태 사람하고 우리하고, 서로 싸울 게 어디 있느냐? 그동안 잘못했다, 그리고 그 사람들한테 사과하고 우리 같이 살자, 이게 교황이라는 사람이 훌륭하다는 거거든. 왕이 됐으면, 당파싸움이라는 게 없어야 되거든. 당파싸움이 있다고 하는 건 누구 책임인가? 왕이 못나서 그렇다.

곡谷, 곡이라고 하는 골짜기도 왕이 되면, 당파싸움을 말릴 수가 있다. 말려서 어떻게 되나? 하나로 만들 수가 있다. 이게 소위, 허이능영虛而能盈이라는 거지요.

허虛하고 영盈하고는 반대고, 모순이지만 그걸 하나로 만들어. 요 이而 자가 하나로 만들어. 허이虛而, 그러기도 하고, 즉卽, 그러기도 하고. 그거 즉卽 자도 쓰고, 이而 자도 쓰고. 율곡, 퇴계 그럴 때는 언제나 이而 자를 썼지요. 그런데 불교에서는 즉卽 자를 많이 써요. 색즉시공色卽是空, 공즉시색空卽是色, 이 즉卽 자를 쓰죠. 통일한다, 그 소리지. 누가? 부처가, 왕이, 철인이, 그거 할 수 있어야 된다. 허이능영虛而能盈이야. 모순을 통일했어. 모순을 통일한 사람이야.

신무형神無形. 득일고적이능영得一故寂而能靈.

신神은 무형無形이지만, 득일得一, 절대자를 만나면, 이건 아주 철신哲神이 돼. 철신. 그래가지고 뭐하나? 적寂과 영靈을, 이것도 모순개념이죠. 적이라고 하는 건, 불이 꺼졌다는 게 적이고, 영이라고 하는 건 빛이 난다는 게 영이고. 하나는 불이 꺼졌다는 거고, 적멸이지. 하나는 영광이지, 빛이 난다는 거. 이 두 모순개념을 합해서, 하나로 만들었어. 그래서 적이능영寂而能靈, 이렇게 됐다.

인야수중득일人也守中得一.
즉유형지신가사허이곡則有形之身可使虛而如谷.
무형지심가사적이여신無形之心可使寂而如神.
유형무형합이불사有形無形合而不死.

그런데 인야人也, 사람의 특징은 뭔가? 수중守中이야. 언제나 독립해야 돼. 요 가운데 중中 자나 열 십十 자나, 같은 거니깐. 사람은 언제나 독립해야 돼. 그래서 득일得一, 절대자를 만나게 되면 즉유형지신則有形之身, 형태가 있는 몸은 가사허이여곡可使虛而如谷, 아주 몸이 가벼워져. 건강한 몸이라는 건 뭔가? 가벼워졌다, 라는 거지.

또 무형지심無形之心, 우리의 마음은 가사적이여신可使寂而

如神, 깨끗해져. 마음은 깨끗해지고, 몸은 가벼워지고. 마음이 깨끗한 자는 하나님을 볼 것이다, 이렇게. 마음이 가난한 자는 천국이 저희의 것이요, 이렇게 되는 거죠. 가사적이여신可使寂而如神이다.

유형무형有形無形, 유하고 무하고는 이게 모순개념이거든. 이거 서로 원수죠. 그런데 이 모순개념이 언제나 합합, 통일이 돼야지. 통일이 되면 어떻게 되나? 이불사而不死, 죽을 수 없는, 죽지 않는 존재가 된다.

고지인古之人 · 이체합어심以體合於心 · 심합어기心合於氣 · 기합어신氣合於神 · 신합어무神合於無.

고지인古之人, 고지인 그러면, 옛날 사람인데, 옛날 사람이란 참사람이라는 뜻이죠. 참사람은 이체以體, 몸하고 합어심合於心, 마음하고가 언제나 하나가 돼있어. 통일이 돼있어. 몸하고 마음하고가 하나가 돼서 심합어기心合於氣, 마음하고 기하고, 기를 기운이라고 할 때는 힘이라 해도 좋고, 어떨 때는 또 생명이라고 해도 좋고. 여러 가지로 쓰이는데, 하여튼 기하고 하나가 됐어. 기합어신氣合於神, 또 기는 합어신이야. 언제나 신하고 하나가 됐어.

이 사람들의 생각이 정精, 기氣, 신神, 이렇게 올라가거든.

사람의 뱃속에는 정精이 있어야 하고, 사람의 가슴에는 기氣가 있어야 하고, 사람의 머리에는 신神이 있어야 하고, 이런 식이 이 사람들의 사고방식이니까. 정, 기, 신이라고 하는 사고방식은, 기는 신하고 합치게 돼. 신합어무神合於無, 그리고 신은 맨 마지막에 가서 무無하고 합치게 돼. 이 무라는 게 서양으로 말하면, 존재라는 거지. 존재가 소위 절대자지. 하나님이지. 서양에는 있고 있다, 이게 존재고, 동양에는 없고 없다, 이게 존재고, 표현하는 방법만 다르지, 내용은 같은 거죠. 그래서 이걸 절대무絶對無라 그래요.

그 집에 없는 게 없다 그러면, 다 있다는 얘기죠. 그런데 이것처럼 '없는 게 없다'의 반대는 뭐예요? 무죠. '없는 게 없다' 하는 건 유有가 되고, '있는 게 있다' 하면 무無가 되고. 그래서 하나는 절대무라 그러고, 하나는 존재라 그러고. 이 무라고 하는 건 절대무지.

합즉불사合則不死. 불사즉불생不死則不生.
불생자능생생不生者能生生.

합즉불사合則不死, 하나님과 하나가 되면, 그다음에는 불사不死야. 그건 영원한 생명이야. 불사不死, 영원한 생명이 되면, 즉불생則不生, 세상에 나온 게 아니야. 세상에 나오지 않았다면 어떻게 됐다는 것인가? 난 하늘에서 왔다 이렇게 말하지, 나왔다 이러지 않는다. 난 하늘에서 왔으니깐, 또 하늘로 돌아간다 이렇게 말하지, 난 태어났다가 아니야. 났다 죽는 게 아니라, 왔다간다 이거죠. 그래서 여래如來, 여거如去. 여래라는 게 진여眞如의 세계에서 왔다가 진여의 세계로 돌아간다 이거거든. 하나님께로부터 왔다가 하나님께로 돌아가는 거지, 났다가 죽는 게 아니다 이거거든. 그래서 그걸 불생不生이라 그런다.

불생자不生者, 그렇게 왔다가 가는 사람만이 능생생能生生, 이 모든 생물을 살려낼 수가 있다. 모든 만물을 살려낼 수가 있다. 그걸 소위, 구세주救世主라 그러지. 그게 구세주야.

두도견의 주

열자역유차장 列子亦有此章.
불언출어노자 不言出於老子. 이언황제서 而言黃帝書.
지노자오천문 知老子五千文.
인용분전고어위다 引用墳典古語爲多.
공자술이부작 孔子述而不作・절유비언 竊有比焉.
유신이호고자 惟信而好古者・가여언차도 可與言此道.

열자列子, 열자에도 이 곡신谷神이라는 장章이 있다. 거기서는 불언출어노자不言出於老子, 자기가 노자에서 인용했다 그러지 않고, 언황제서言黃帝書, 황제의 서書에서 인용했다, 그렇게 나와 있다 이거죠. 그러니까 알 수 있다, 뭘 알 수 있나? 노자 5천 문도 이게 노자의 창작만이 아니다라는 거지.

그러다 옛날, 옛날로 올라가면 어떻게 되나요? 태초에 말씀이 있으니, 그렇게 되고 말지. 그러니까 모든 말씀은 어디로 올라가나? 하나님의 말씀이 되고 마는 거지. 이 고전이라는 게 무슨 노자의 말이 아니란 말이지. 이거 하나님의 말씀이지. 마태복음이 마태의 말이 아니란 말이지. 그게 하나님의 말씀이지.

그러니까 인용분전고어위다引用墳典古語爲多, 옛날 무덤에서 나온 책들, 옛날 오래된 책들, 이런 데서 나온 거라 이거거든. 이런 데서 나왔다.

그래서 공자 같은 사람도 술이부작述而不作, 제가 만든 것은 하나도 없어. 다 옛날부터 있는 말들을 자기는 해설한 것뿐이야. 제가 만든 게 아니야. 우리도 지금 노자를 그냥 해설하는 것뿐이지, 무슨 내가 만들어서 뭐 어떻게 하는 게 아니야. 다 술이부작述而不作이지. 다 술이부작일 뿐이다.

예수 그러면, 예수가 무슨 독특한 말을 한 게 아니야. 다 그 전에 있던 말들을 새롭게 해석한 것뿐이야. 술이부작述而不作이야. 절유비언竊有比焉, 공자도 노자처럼 자기도 술이부작述而不作이지, 내가 창조한 게 아니다, 그렇게 말하는 거다.

옛날 사람들은 책을 쓰고도 자기 이름조차 쓰지 않았어. 누가 만들었는지도 몰라. 왜? 이거 술이부작인데, 내 이름을 붙여서 뭐하나 이거거든. 화엄경 그래도 화엄경 누가 썼는지도 몰라. 우리는 그냥 누가 썼을 거라 그러는 것뿐이지, 누가 썼는지도 몰라.

유신이호고자惟信而好古者, 오직 하나님 말씀을 믿고, 하나님 말씀을 좋아하는 사람들이 가여언차도可與言此道, 그런 사람들이 언제나 이 진리에 대해 말하기를 좋아하는 거다. 그렇게 됐어요.

내가 늘 말하지만, 1, 2, 3 그게 한 묶음이에요. 1은 절대자, 2는 철인, 3은 이상세계. 그다음에 4, 5, 6 요게 또 한 묶음이에요. 4는 철인, 5는 이상세계, 6은 절대자, 그렇게 된 거죠. 그래서 우리가 6장을 했으니까, 그다음에는 7장을 할 차례지요. 이것도 7, 8, 9 이렇게 한 묶음이지요. 7을 절대자라고 할까, 8을 절대자라고 할까. 공통된 점이 많지만 그건 우리가 정할 탓이에요. 그래서 7을 그냥 철인 이렇게 보고, 8을 절대자 이렇게 보고, 9를 이상세계 이렇게 보고, 그것도 그렇게 나눌 거예요.

제7장

남을 헤아리는 사람

우리 자신도 한 사람, 한 사람이 무의 발견,
나 자신이 없는지 있는지를 살펴봐야 한다.

第七章 天長地久

天・長. 地・久.
天地所以能長且久者・以其不自生. 故能長生.
是以聖人後其身而身先. 外其身而身存.
非以無私邪・故能成其私.

천天・장長. 지地・구久.
천지소이능장차구자天地所以能長且久者・
이기부자생以其不自生. 고능장생故能長生.

천장天長 지구地久, 하늘은 길고, 땅은 오래다.[1] 천지소이능장차구자天地所以能長且久者, 천지가 오래 가는 이유는 무엇인가? 이기부자생以其不自生, 자기라는 것이 없기 때문에 그렇다. 또 나오잖아요. 진공眞空이기 때문에 묘유妙有지. 다 같은 말이에요. 자기라는 것이 없기 때문에 고능장생故能長生, 오래 살 수 있다.

1. 〈제9강 2005년 3월27일〉, 강의 끝부분에서 함. 그리고 10강에서 다시 함..

시이성인후기신이신선是以聖人後其身而身先.
외기신이신존外其身而身存.
비이무사야非以無私邪·고능성기사故能成其私.

시이是以로, 그렇기 때문에 성인聖人은 후기신後其身, 자기를 뒤로 하니까, 남한테 져주니까 이신선而身先, 자기가 앞서게 돼. 우선 남한테 자꾸 져주는 사람이 남보다 앞서는 사람이지요.

외기신外其身, 자기 몸을 자꾸 밖으로 하는 사람, 그 사람이 이신존而身存, 몸이 있게 돼. 남을 소중하게 생각하는 사람이 자기도 소중해져. 남을 헤아리는 사람이라야 나도 소중해져. 남을 무시하는 사람은 나도 없어지고 말아.

지금 무극, 태극 하는 대신에 남과 나를 말하는 거죠. 무극이 뭔가? 남이야. 남을 소중하게 여겨야 태극, 내가 살아. 여긴 그런 식으로 나오는 거지. 남을 소중하게 해야 내가 살고, 남을 소중하게 살려야 내가 앞설 수 있다는 거죠.

비이무사야非以無私邪, 자기가 없기 때문이 아니겠는가. 자기가 없어져야 그렇게 되지. 그럼 자기는 어떻게 해야 없어지나? 진리와 하나가 돼야 없어진다. 기독교로 말하면 믿음을 가져야 자기가 없어지지. 그리스도와 하나가 돼야 내가 없어지지, 그리스도와 하나가 못 되면 내가 없어지지 않는다. 고능성기사故能成其私, 내가 없어져야 나라는 게 또 있게 된다. 언제나 무극이 태극이 돼야지. 내가 있다 그러면 난 없어지고 말고, 내가 없다 그래야 내가 있어진다는 거죠.

무극이 태극이야. 이것이 아주 핵심이에요. 무극이태극無極 而太極, 나라는 게 없어져야 내가 살게 되지, 내가 있는 동안까지는 나는 살지 못한다.

여기선 내가 없어져야 된다. 기독교에선, 죄가 없어져야 된다, 번뇌가 없어져야 된다, 욕심이 없어져야 된다 해서 다 같은 말인데 그래도 우리에게 제일 가깝게 들리는 말은 '내가 없어져야' 그 말이 내겐 더 가까워요. '죄를 없이 한다' 그럴 때는 '내가 무슨 죄가 있나' 그런 생각이 들지. 또 번뇌라 하면 '내가 무슨 번뇌가 있나' 그런 생각이 자꾸 들지.

내가 없어져야 된다 그러면, 아, 이거 내가 또 겸손해져야 되겠다, 내가 잘난 척 하면 안 되겠다. 나를 돌아볼 때, 증자는 하루에 세 번 자기를 돌아봤어. 아직도 내가 남아있나 한번 돌아봐라. 내가 완전히 없어져야 내가 살지, 그렇지 않으면 내가 죽는다. 내가 완전히 십자가에 못 박혀야 내가 살지, 그렇지 않으면 내가 죽는다.

십자가라는 건 뭔가? 예수만 십자가에 달린 게 아니야. 내가 십자가에 달려야지. 내가 죽어야 내가 살지, 내가 죽지 않으면 내가 못 살아. 자 요거, 무극이태극이에요.

나는 세상에서 제일 좋은 국기가 우리나라 태극기라고 생각해요. 헌데 우린 자꾸 태극만 생각하지 무극을 생각 안 해. 태극이 거저 태극이 아니죠. 무극이 태극이지. 내가 없어져야 내가 있다. 아멘이지요. 십자가가 있어야 부활이지. 우린 그냥 부활만 자꾸 하겠다 그러는데 그건 안 돼. 빌립보에 보면 바울이, 나는 어떻게 해서든지 부활하려고 십자가를 진다고 해요. 십자가가 부활의 원인이지, 십자가 없이 부활은 없어요. 무극이 태극의 원인이지, 무극이 없으면 태극이 없어요. 내가 없어져야 내가 잘나지는 거지, 내가 있는 동안은 내가 없어. 무극이 태극이야.

언제나 0, 1, 2, 3, 이렇게 가지, 0 없이 1, 2, 3, 이거 안 되죠. 이 제로의 발견이라는 것이 수학의 역사에서는 가장 중요한 거죠. 중세기에는 제로라는 게 없었어요. 근세에 와서야 비로소 제로가 발견된 거야. 이 제로가 발견된 후부터 미분, 적분이지, 제로 발견 전까지는 미분, 적분이 안 나와. 로마시대만 해도 둘에서 둘 빼면 답을 못 썼었어요. 그냥 비워뒀어요, 왜? 얼마라고 쓸 수가 없으니까. 뭔지 모르니까. 근데 이 제로를 맨 처음에 발견한 사람이 인도 사람이에요. 인도의 공空 사상, 수니야타[2]라는 거죠. 인도의 제로가 어디로 갔나? 아라비아로 간 거지. 그래서 아라비아 문명이 근대로 들어오게 된 거지. 사라센 문화

---
2. Sunyata, 산스크리트 어로서 공空의 뜻.

라는 게 근대로 들어와서 소위 근대 서양 문명이라는 것이 나타나게 되죠.

무의 발견. 우리 자신도 한 사람, 한 사람이 무의 발견, 나 자신이 없는지 있는지를 한번 살펴봐야 한다 이거죠. 그래서 내가 없다 그러면 된 거야. 아직 내가 있다 그러면 그건 안 된 거야.

> 천天·장長. 지地·구久.
> 천지소이능장차구자天地所以能長且久者·
> 이기부자생以其不自生. 고능장생고능장생故能長生.

자, 7장 천장天長 지구地久야.[3] 하늘은 한없이 넓어. 장長은 공간을 초월하는 거지. 지地는 구久야. 이건 시간을 초월하는 거지. 하늘은 어디서나 존경을 받아. 하늘 무시하는 놈은 아무도 없어. 하늘은 어디서나 존경을 받아. 땅은 구久야. 땅은 언제나 사랑을 받아. 땅을 미워하는 사람은 하나도 없어. 땅 때문에 사는데. 그래서 언제나 사랑을 받아.

천지소이능장차구자天地所以能長且久者, 천지가 이렇게 존경을 받고 사랑을 받는 이유가 무엇인가? 이기부자생以其不自生이야. 자기가 없어서 그렇다. 내가 있다 그러면, 또 네가 있는

---

3. 〈제10강 2005년 4월 3일〉, 제7장을 다시 함.

거지. 이 하늘과 땅은 언제나 절대자와 만난 존재들이니까 자기라는 게 없어. 이건 철인이지. 그래서 자기라고 하는 거로 살지 않는다. 자기라고 하는 게 없다. 자기라는 게 없기 때문에 고능장생故能長生이야. 늘 존경을 받고, 늘 사랑을 받는다.

시이성인후기신이신선是以聖人後其身而身先.

시이是以로, 그렇기 때문에, 성인도 마찬가지야. 성인은 어떤 사람인가? 자기가 없는 사람이야. 자기가 없으면 어떤 사람이 되나? 언제나 하나님을 사랑하고, 이웃을 제 몸같이 사랑하는 사람이야. 언제나 하나님을 사랑하는 사람이야.

노자에서 하나님을 사랑한다 그럴 때는 견성見性이라 그러고, 이웃을 사랑한다 할 때는 지명知命이라 그러고, 결국 같은 거지요. 하나님을 사랑한다고 해서 하늘만 쳐다보고 하나님 어디 있나, 이게 아니란 말이지.
내 속에 들어와 있는 하나님, 그걸 소위 천명지위성天命之謂性이라 그러죠. 내 속에 들어와 있는 하나님, 하나님께서 특별히 나에게 심어주신 어떤 소질素質, 그 소질을 자꾸 키워서, 자꾸자꾸 올라가면 나중에는 하나님과 만나게 돼. 그걸 소위 신통神通이라 그래. 자기의 소질을 자꾸자꾸 길러 가면, 나중에는 절대자와 만난다. 절대자와 만난다는 걸 우리가 신통이라 그래요. 신통묘용神通妙用이라.

베토벤 그러면, 베토벤은 어떤 사람인가? 신통한 사람이죠. 그는 절대자와 만난 사람이에요. 미켈란젤로, 그도 신통한 사람이죠. 그러니까 그 사람들의 작품이 영원한 거지, 그렇지 않으면 그게 영원하겠어요? 그런 사람들의 작품은 불사不死야, 죽지 않아. 자기 속에 있는 소질을 자꾸자꾸 키워가는 것, 이게 하나님을 사랑하는 거지, 교회 가서 뭐, 한 시간 예배 본다, 이건 하나님을 사랑하는 게 아니야. 자기 속에 있는 소질이 뭔지, 그걸 발견해가지고, 자꾸 키워서 나타내고, 그래서 나중에 정말 절대자와 만나는, 신통하는 그런 경지에 가는 걸, 노자는 하나님을 사랑한다, 이렇게 말한다라고 생각하면 되지요. 그렇게 해서 자기의 소질을 알게 되면, 그다음에 그 소질을 가지고, 내가 할 일이 뭔가? 이웃을 사랑하는 게 내 할 일이다. 그렇게 되어서 하면 그걸 소위 지명이라. 자기의 사명을 아는 사람이라. 자기의 사명을 아는 사람이 이웃을 사랑하는 거야. 뭐 가끔 가다가 길바닥에 거지 돈 한 푼 주고서 이웃 사랑했다, 그렇게 되면 안 돼. 결국 근본적으로 말할 땐, 자기 속에 있는 걸 나타내고, 또 되어야 해요.

이 산이라, 아까도 에베레스트라 했는데 에베레스트가 뭔가? 절대자와 만남, 그리고 물이 흘러가서 모든 세상을 이상세계로 만드는 것, 그게 사명이야. 그게 지명이야. 그리고 절대자를 만나는 것, 그게 견성이야. 불교에서는 견성하면, 그걸 부처라 그래. 그게 철인이야. 다 그렇게 돼야지. 그렇게 돼야, 기독교면 기독교가 뿌리를 내리지, 그렇지 않고 그저 교회에 가서 그냥 하나님, 하나님 그러고, 이걸 하나님을 사랑하는 거다. 거지한테 돈 하나 주고 이거 이웃 사랑하는 거다, 이렇게 되면 안돼. 그건 뭐, 교회 안 가는 사람도 다 할 수 있는 거야.

하나님 믿는 사람 그러면, 깊이가 있어야 돼. 그냥 천박하게 그렇게 되면 안 돼. 그렇잖아요? 제일 중요한 것이 무엇인가 하면 자기 속에 어떤 소질이 있는지 그걸 우리가 알아야 된다는 거지.

나도 내 속의 소질이 뭔지 몰라서 애썼어. 애썼는데, 결국 내 소질이라는 건 뭔가 하면, 학교 선생 하는 게 내 소질이야. 다른 건 아무것도 없어. 그거 하나 내 소질이야. 그래서 난 유치부 선생도 해봤고, 초등학교 선생도 해봤고, 중학교 선생도 해봤고, 고등학교 선생도 해봤고, 대학교 선생도 해봤고, 대학원 선생도 해봤고, 다 해봤는데, 그게 그래도 내게 제일 맞더라고. 그 이상 더 내게 맞는 게 없어요.

내 사명은 뭔가? 가르치는 거야. 하나라도 가르치는 거야.

난 과거에 역사도 가르쳐보고, 영어도 가르쳐보고, 논리도, 철학도 가르쳐보고, 다 가르쳐봤는데, 무엇을 가르치든지 하여튼 알기 쉽게 가르치는 것, 그게 내 사명이야. 그게 내가 하나님을 사랑한다는 거죠. 내가 선생 되는 게, 이게 하나님을 사랑하는 거고, 내가 이웃을 사랑하는 거예요. 가르치는 것이 이웃을 사랑하는 거지요. 그 외 아무것도 없어요.

하나님을 사랑하는 데, 뭐 독특한 게 아무것도 없어요. 자기의 소질이 뭔지를 발견하는 거, 하나님을 사랑하는 거야. 왜? 하나님께서 나한테 무슨 재간을 줬나? 학교 선생 하는 재간을 줬다. 그래서 내가 그 재간 가지고 살아야지. 나도 동대문 시장에 가서 장사도 많이 해봤다고. 매번 밑지지. 내가 밑지지 않는 건, 학교 선생 하나 밑지지 않아요. 그건 계속 월급 탔으니까, 밑지는 건 하나도 없어. 그래서 언제나 자기의 소질을 가지고 사는 거, 그게 하나님을 사랑하는 거예요. 내 사명이 뭔가 그러면, 유치원 아이들을 가르치건, 초등학교 아이들을 가르치건, 중학생을 가르치건, 누구든지 가르치는 거, 이게 내 사명이야. 그렇게 난 사는 거야. 이게 소위 하나님을 사랑하는 거고, 이웃을 사랑하는 거고, 이걸 소위 견성지명見性知命이라 이렇게 말해요.

성인은 후기신이신선後其身而身先, 성인은 결국 남하고 경쟁할 필요가 하나도 없어. 왜? 자기의 소질을 발견해서 그거를 길러 가면 되지, 남하고 경쟁할 게 없지. 난 내 소질이 학교 선생 하는 거니까 선생 하면 됐지, 남하고 경쟁할 필요가 없지. 초등학교 선생 해도 되고, 중학교 선생 해도 되고, 선생 하면 됐지, 다른 거 내가 할 게 뭐 있어. 절대 경쟁할 필요가 없지. 경쟁할 필요가 없는데, 그래도 여기저기서 써줘서 내가 지금까지 선생 해온 거지요.

그게 소위 신선身先이라는 거지. 후기신後其身, 나는 남하고 경쟁할 생각이 아무것도 없어. 난 그저 가르치면 족해. 그래서 가르쳤더니, 그래도 여기저기서 가르쳐달라, 가르쳐달라, 그래서 지금까지 가르쳐주고 있는 거야. 이게 소위 이신선而身先이야. 후기신이신선後其身而身先이야.

외기신이신존外其身而身存.

외기신이신존外其身而身存, 나 혼자 잘살겠다, 그런 생각 하나도 없어. 왜? 내 사명을 다하면 됐지. 내 사명, 난 가르치면 돼. 한 사람이 오건, 두 사람이 오건, 난 가르치면 돼. 내가 늘 말하지만, 유영모 선생님한테는 한 사람도 안 온 때가 많았어요. 그래서 그냥 빈탕치고 간 때도 많아요. 헌데 내가 가르친다고 할 때는, 그래도 한 사람이라도 오지요. 대신교회 있을 때는,

한 사람도 안 온 때도 있었어요. 그래도 한 두 사람이라도 오면, 그때 가르치면 되죠. 그렇게 되니까 외기신이신존外其身而身存이야. 내가 뭐 남보다 더 잘살아 보겠다 그런 생각 하나도 없어. 그래도 지금까지 살아오는 거야. 지금까지 밥 굶어본 일은 없어. 그냥 살아오는 거야. 외기신이신존外其身而身存이야.

비이무사야非以無私邪·고능성기사故能成其私.

비이무사야非以無私邪, 결국 나라고 하는 게 없기 때문에 그런 거 아닌가. 하나님을 사랑하면 나도 없어지고, 이웃을 사랑하면 나도 없어지고. '나'가 없기 때문에 지금까지 살아오는 거 아닌가. 외기신이신존外其身而身存 비이무사야非以無私邪, 내가 없기 때문에 그런 거 아닌가.

고능성기사故能成其私, 그렇기 때문에 나는 나대로 내 소질을 키우려고 내 사명을 다하면서 살고 있다. 나대로 내가 돼가고 있다. 내가 돼봤자, 별거 아니지. 그냥 가르치는 거고, 그냥 학교 선생 하는 거지, 뭐 다른 거 아무것도 없지. 그래도 나는 거기에 족해. 거기 만족하면 되잖아요. 나도 한번 대통령 돼보겠다, 그런 생각 꿈에도 없어. 대통령 되겠다 그러면 그거 정말 야단이지.

자, 그럼 그다음 읽어요.

권재구의

此章以天地喻聖人無容心之意. 天地之生萬物. 自然而然. 無所容心. 故千萬歲. 猶一日也. 聖人之修身. 無容心於先後. 無容心於內外. 故莫之先而常存. 是以其無私. 而能成其私也. 此一私字. 是就身上說來. 非公私之私也. 若以私爲公私之私. 則不得謂之無容心矣. 此語又是老子誘人爲善之意. 故謂之眞空實有. 眞空便是無私之意. 實有便是能成其私之意. 但說得來. 又高似一層.

차장이천지유성인무용심지의此章以天地喻聖人無容心之意.
천지지생만물天地之生萬物. 자연이연自然而然.
무소용심無所容心.

차장此章, 이 장은 이천지以天地, 천지를 가지고 유성인喻聖人, 성인이라는 사람들이, 철인이라는 사람들이 무용심지의無容心之意, 자기라는 게 없다는 걸 가르치려고 그러는 거야. 왜? 하늘도 자기가 없고, 땅도 자기가 없거든. 성인도 자기가 없어야 되지 않느냐 이거지.

천지지생만물天地之生萬物, 천지가 모든 만물을 살려주고 있는데, 자연이연自然而然이야. 그거 제가 살린다고 생각하는 게 아니야. 하나님이 살린다고 생각하는 거야. 자연이연이야. 이때

이 자연이라는 건 하나님이지. 하나님이 살려주는 거고, 하나님이 길러준다고 생각하지, 내가 낳았다, 내가 기른다, 그런 생각을 절대 안 한다. 우리 아이도 이건 내 아이다, 그런 생각을 않는다. 이건 하나님의 아이다, 이렇게 생각해. 그렇게 언제나 나라고 하는 게 없다. 그건 하나님께서 하신 일이지 내가 한 게 아니야. 무소용심無所容心, 거기에 대해서 나라고 하는 게 끼어들어가면 안 된다.

고천만세故千萬歲. 유일일야猶一日也.

그렇게 살면 천만세千萬歲, 천만세를 살아도 유일일야猶一日也, 하루나 마찬가지야. 왜? 천만세가 돼도 '나'가 없는 거고, 유일일도 '나'가 없는 거고, 다 '나'가 없으니까. '나'가 없으면 천만세나 하루나 마찬가지야. 천만년을 사나, 하루를 사나 다 마찬가지야. 예수처럼 서른세 살에 죽으나 모세처럼 백스무 살까지 사나, 다 마찬가지야. 왜? 자기가 없으니까. 모세도 자기가 없는 사람이고, 예수도 자기가 없는 사람이니까, 다 마찬가지야. 아이고, 33년, 너무 일찍 죽었다, 뭐 그럴 거 하나도 없는 거야. 모세, 백스무 살까지 되게 살았다, 거 그럴 거 없는 거야. 자기 없이 살면 다 마찬가지야. 천만세나 하루나 다 마찬가지야.

성인지수신聖人之修身.
무용심어선후無容心於先後. 무용심어내외無容心於內外.
고막지선이상존故莫之先而常存.
시이기무사是以其無私. 이능성기사야而能成其私也.

성인지수신聖人之修身, 성인이 사는 방법은, 무용심어선후無容心於先後, 남한테 앞서겠다, 그런 생각이 절대 없어. 무용심어내외無容心於內外, 남보다 잘살겠다, 그런 생각도 절대 없어.

고故, 그렇기 때문에 막지선莫之先, 남보다 앞서진 못하지만 언제나 이상존而常存, 자기로서 만족하고 살아가는 거야. 자기로서 만족해. 시이是以로, 그렇기 때문에 기무사其無私야, 자기가 없는 거야. 이능성기사야而能成其私也, 자기가 없기 때문에 자기 삶에 만족하고 사는 기야.

차일사자此一私字.
시취신상설래是就身上說來. 비공사지사야非公私之私也.
약이사위공사지사若以私爲公私之私.
즉부득위지무용심의則不得謂之無容心矣.

차일사자此一私字, 요 사私라는 자는, 시취신상설래是就身上說來, '자기'라는 말이지. 비공사지사야非公私之私也, 공사公私의 '사' 가 아니야, 공사의 '사' 라고 하는 건 경쟁하는 '사' 니까, 그런 '사' 가 아니야. 약이사위공사지사若以私爲公私之私, 만일 이

사 자를 공사의 사라고 하면, 즉부득위지무용심의則不得謂之無容心矣, 그건 내가 없는 삶이라, 그렇게 말할 수 없는 거야.

차어우시노자유인위선지의此語又是老子誘人爲善之意.
고위지진공실유고위지지진공실유故謂之眞空實有.
진공편시무사지의眞空便是無私之意.
실유편시능성기사지의實有便是能成其私之意.

차어此語, 이 말은 우시노자유인위선지의又是老子誘人爲善之意, 노자가 사람들을 사랑해서 하는 말이야. 고위지진공실유故謂之眞空實有, 여기서는 진공실유眞空實有라 그랬는데, 불교에서는 본래 진공묘유죠. 진공묘유라는 말은 진공과 묘유가 하나가 된 거지. 공空하고 유有하고 이거 정반대거든. 그런데 이게 하나가 되고 말았다. 아까 무無하고 허虛하고 영靈이 하나가 되듯이 이게 통일이 됐다. 그래서 진공묘유라고 그런다.

이 해석을 낸 권재의 제일 핵심이 진공묘유라는 게 드러나지요. 진공묘유는 정반대의 모순을 통일하는 것, 진공묘유지요. 통일해서 하나가 되는 거죠. 공空이 그대로 유有가 되고, 유가 그대로 공이 되고. 색色이 그대로 공空이 되고, 공이 그대로 색이 되고.

왜 그렇게 되나? 관자재보살觀自在菩薩, 관자재보살이 있으면 그렇게 된다. 철인이 있으면 그렇게 된다. 왕이 있으면 그렇게 된다. 왕이 있으면 당파라는 게 없어지고 말아. 물론 당파는 있지. 있으면서도 서로 싸우질 않아. 서로 나라를 발전시키기 위해서 노력하는 것뿐이지.

진공편시무사지의眞空便是無私之意, 진공眞空이라는 건 무사지의無私之意, 자기라는 게 없다는 뜻이다.

실유편시능성기사지의實有便是能成其私之意, 묘유, 이거는 능성기사能成其私라. 자기를 완성했다는 뜻이다. 진공 그러면 견성見性이 되고, 묘유妙有 그러면 지명知命이 되고, 그래서 결국은 견성지명이죠.

하나님을 사랑하는 게 그대로 이웃을 사랑하는 게 되고, 이웃을 사랑하는 게 그대로 하나님을 사랑하는 게 되고, 이것이 하나다.

단설득래但說得來. 우고사일층又高似一層.

단설득래但說得來, 이렇게 생각해보니 우고사일층又高似一層, 정말 이 말의 수준이 굉장히 높은 수준이다. 그렇잖아요? 아주 굉장히 수준이 높잖아요? 이런 말 이거, 어디 가서 듣겠어요.

두보의 시
강산여유대 江山如有待. 화류갱무사 花柳更無私.
적적춘장만 寂寂春將晚. 흔흔물자사 欣欣物自私.

강산江山, 강과 산도 여유대如有待, 뭘 기다리는 것 같다. 뭘 기다리나? 꽃피기를 기다리는 거지. 강과 산도 꽃피기를 기다리는 것 같아.

그런데 화류花柳, 꽃과 버들은 갱무사更無私, 아직도 필 생각을 안 해. 부모는 자꾸 기다리는데, 부모는 아이들이 철들기를 기다리는데, 아이들은 그냥 철없이 놀아. 갱무사야.

적적寂寂, 그런데 차차 차차 시간이 지나가서, 시간이 지나가서 고요하게, 언제 시간이 지나간 줄 모르지만 고요하게 춘장만春將晚이야, 봄이 무르익으려고 그래. 그 아이들도 어느새 자꾸 커. 그래서 아이들도 결국은 철이 들라 그래. 그랬더니 흔흔물자사欣欣物自私, 개나리, 진달래가 저마다 자기의 아름다움을 드러내면서 기뻐서 어쩔 줄을 모르고 춤을 추더라. 기쁠 흔, 기뻐서 춤을 추더라. 두보杜甫의 시詩에요.[4]

---

4. 두보(杜甫, 712~770): 중국 당나라 때의 시인이다. 자는 자미子美, 호는 소릉야로少陵野老. 시성詩聖으로 불린다. 위의 시는 「후유后游」와 「강정江亭」에서 발췌한 것이다.

정구의 주

천지인 天地人·일원 一原.
천지소이위천 天之所以爲天·지지소이위지 地之所以爲地·
인지소이위인 人之所以爲人·고동 固同.
천지능장차구 天地能長且久·인독불연 人獨不然·하재 何哉.
천부지위천 天不知爲天·인즉인이위기 人則認以爲己.
위양생 謂養生·빙무익지구 騁無益之求.
후기생이생유상 厚其生而生愈傷.
기불위중도요자역행의 其不爲中道夭者亦幸矣.

천지인天地人 일원一原, 천지인이 다 하나님에게서 나온 거야. 근원根原은 하나님이야.

천지소이위천天之所以爲天, 하늘이 하늘이 된 까닭은, 지지소이위지地之所以爲地, 땅이 땅이 된 끼닭은, 인지소이위인人之所以爲人, 사람이 사람이 된 까닭은 고동固同, 다 같아. 어떻게 해야 사람이 되나? 절대자를 만나야 사람이 된다. 하늘도 절대자를 만나고, 땅도 절대자를 만나. 아까, 득일得一, 득일하는 거지. 사람도 절대자를 만나야 사람이 되지.

천지능장차구天地能長且久, 하늘이 존경을 받고 땅이 사랑을 받는 그 이유는 능장차구, 그 이유는 뭔가? 그거 절대자와 만나서 그렇다. 그런데 인독불연人獨不然 하재何哉, 사람은 왜 그렇게 안 되나? 절대자를 만나지 못해서 그렇다. 기독교로 보면, 믿음이 없어서 그렇다. 불교로 말하면, 깨달음이 없어서 그렇다.

천부지위천天不知爲天, 하늘은 자기가 하늘이란 걸 알지 못해. 자기가 없다 이거지. 자기가 없어. 그런데 인즉인이위기人則認以爲己, 사람은 자꾸 자기自己, 자기, 저만 잘났다 그러고, 자꾸 자기만 주장해. 인즉인이위기人則認以爲己야.

위양생謂養生, 오래 살겠다. 오래 살겠다. 빙무익지구騁無益之求, 쓸데없는 것을 자꾸 가지려 그래. 후기생厚其生, 자기 삶을 더 두껍게 하려고 그래. 그런데 그 결과는 생유상生愈傷, 유상이야. 더 나빠지는 것뿐이야. 자기 삶을 죽고자 하는 자는 살고, 살고자 하는 자는 죽는 거야. 자기 삶을 더 잘살겠다고 하는데, 대신에 더 나빠지는 것뿐이야.

대개 보면, 살 만하면 다 죽더라고. 너무 잘살겠다고 무리했기 때문에 그만 잘살 새도 없이 죽고 말아, 그만. 대개 그래. 아, 저 집 정말 어지간히 잘살게 됐는데, 아이고 벌써 죽고 마네. 너무 잘살려고 그러다가 나중에는 유상愈傷, 그만 죽고 만다 이거지.

기불위중도요자其不爲中道夭者, 그러니까 중도에 일찍 죽지 않는 사람은 역행의亦幸矣, 다행이야. 정말 마지막까지 자기 명을 다 사는 사람은 다행이야. 자칫하면, 그만 중도에 죽고 말아. 왜? 너무 잘살겠다고 그러다가 그만 죽고 만다 이거지.

여길 보의 주

성인기이유기신위루재 聖人豈以有其身爲累哉.
연어부득이 緣於不得已 · 이물막지능지 而物莫之能止.
입어무하유 立於無何有 · 이물막지능해 而物莫之能害.
후기신외기신 後其身外其身 · 즉공이무사 則公而無私.
무사 無私 · 성사 成私.

성인聖人 기이유기신위루재豈以有其身爲累哉, 성인이 어찌 자기 몸을 가졌다고 해서, 그걸 걱정거리로 삼겠는가. 그냥 자연에 맡기는 것뿐이다.

연어부득이緣於不得已, 인연에 의지해서 부득이不得已, 어쩔 수 없이 태어난 거야. 그러니까 그거 뭐 어쩔 수 없이 태어난 걸 가지고 자꾸 더 잘살겠다 그럴 필요는 없어. 그렇게 욕심을 버리고 살면 이물막지능지而物莫之能止, 모든 만물도 나를 방해하지는 않을 거야. 막지는 않아. 명만큼 살아라 그리고 내버려두지, 그냥 미리 죽어라 그러지 않는다.

입어무하유立於無何有, 언제나 서는 데는 무하유, 무無에 서야 돼. 무에 서야 돼, 하는 건 절대자와 같이 살아야 된다. 하나님과 같이 살아야 돼. 그렇게 하면 이물막지능해而物莫之能害, 아무도 나를 해치는 이가 없어.

후기신외기신後其身外其身, 언제나 다른 사람보다 앞서려 그러지 말고, 다른 사람보다 더 잘살려 그러지도 말고, 즉공이

무사則公而無私, 언제나 공정하게, 무사無私, 자기가 없이 그렇게 살면, 아까 말한 자기의 소질대로 살고, 자기의 사명대로 살면, 그렇게 되면 무사無私 성사成私야. 자기로서 완성할 수 있다. 자기로서 완성하면 되지, 다른 사람하고 비교할 건 절대 없다.

세상에 제일 나쁜 게 뭔가 그러면, 다른 사람하고 나하고 비교하는 거, 그게 제일 나쁜 거죠. 왜? 비교하게 되면, 벌써 나라고 하는 것이 사람이 되지 않고 물건이 되고 말거든. 사람이라는 건 비교할 수 없는 존재거든. 이건 독생자獨生子거든. 나는 나로서 절대지. 아까 자꾸 독립, 독립 그랬는데, 독립 하는 게 뭔가? 나는 어디서나 나로서 절대지, 난 다른 사람하고 비교할 수 있는 존재가 아니라는 거죠. 누구나 다 그런 거야. 누구나 다 왕이지, 다른 사람하고 비교할 수 있는 존재가 아니야.

그렇기 때문에 나는 언제나 나 자신을 통일할 수가 있어. '모순의 자기통일'이라고 그러죠. 나는 절대이기 때문에, 나는 왕이기 때문에, 언제나 나 자신을 통일할 수가 있어. 나 자신을 통일하니까 내가 살아있는 거지, 나 자신을 통일하지 못하면 내가 어떻게 살아있겠어요. 나 자신이 분열되고 말면 어떻게 삽니까? 그래서 언제나 나는 '나'가 없기 때문에, 나 자신을 통일할 수 있다.

그래서 나로서 언제나 만족해서 살면 되지, 다른 사람하고 절대 비교하면 안 돼. 그저, 자동차도 조그만 자동차 하나 사면, 됐다 그러지, 외제차와 비교하고, 그거 안 된다 이거죠. 난 나대로 현대차 가지고 사는 거지, 거 뭐 외제차, 그거 부러워할 필요 하나도 없죠. 외제차라고 해서 사고 안 나겠어요? 그것도 사고 날 때는 나지. 그런 거 절대 비교하지 말고, 나하고 미국 사람하고 비교하지도 말고. 한국 사람은 한국 사람대로 그냥 된장이 맛있고, 그저 고추장이 맛있어서 먹고 살면 되지, 치즈 못 먹는다고 해서 고생할 거 아무것도 없다 이거지. 치즈나 된장이나 마찬가지지, 뭐 다른 거 있어요? 다 단백질이지, 다른 거 뭐 있어요.

다른 사람하고 절대 비교하지 말고, 외국 사람하고도 비교하지 말고. 우린 한국 사람이니까, 우리 한국 사람은 한국으로 만족해야지, 내가 내 코를 아무리 높인다고 해도 서양 사람같이 되겠어요? 요새 성형외과 가서 자꾸 코 높이는 사람들, 난 뭐 하려고 그러는지 몰라. 콧구멍으로 바람 들어가면 됐지, 높이면 뭘 해. 높인다고 해서 미국 사람이 데리고 가나? 아무것도 아닌 걸 가지고 왜 그 고생하지 그렇게? 내가 내 눈을 아무리 새파랗게 하려 해도, 그게 새파래집니까? 그냥 노랗지. 그래도 잘 보이면 됐지, 그거 뭐 새파랗지 못하다고 문제 될 게 뭐 있어. 그러니까 절대 다른 사람하고 비교하지 말고. 우리 부모님께서 나를 요만큼 이렇게 낳아 줬으면, 난 이걸로 족하지, 더 이상

바랄 게 없는 거지.

언제나 자기에게 만족하고, 자신을 남하고 절대 비교하지 않는, 나 자신이 하나의 절대존재가 돼야 한다. 맹자가 너하고 다른 사람하고 절대 비교하지 마라, 너는 너 자신이 하나의 절대적인 존재다 이랬지. 그렇게 생각해야지, 자꾸 비교하고, 저 사람은 저렇게 높아졌는데, 난 아직도 요거 뭐냐, 이럴 거 하나도 없어요. 그 사람은 그 사람대로 살고, 나는 나대로 살지, 높다고 해서 뭐 반드시 행복합니까? 나는 나대로 행복하면 됐지, 뭐 남하고 비교해서 그럴 건 하나도 없죠. 큰 집에 사는 게 좋을 거 같아도 청소하려면, 얼마나 힘들어요. 그렇잖아요? 좁아도 내 집이 좋지.

난 전에 미국 가서 호텔에 한 번 들어가 봤는데, 백 불 내고 들었어요. 아무리 싼 데 찾아봐도 없어서 백 불 내고 들어갔는데 잠이 안 오더라고. 그냥 밤새우고 말았어. 너무 아까워서 잠도 안 오더라고. 아무리 백 불 내면 뭐해? 잠도 안 오는데. 아, 누추해도 잠 잘 자는 데가 좋지. 그래서 언제나 자기가 자기를 만족케 하는 그런 삶이 돼야 한다 이거지요.

제8장

어머니는 물과 같다.

물은 모든 만물을 깨끗하게 만든다.
물은 모든 만물을 다 살린다.

第八章 上善若水

上善若水. 水善利萬物而不爭.
處衆人所惡. 故幾於道矣.
居善地. 心善淵. 與善仁.
言善信. 政善治. 事善能. 動善時.
夫惟不爭·故無尤.

상선약수上善若水. 수선리만물이부쟁水善利萬物而不爭.

유교 그러면 아버지가 주인이고,[1] 불교 그러면 아들이 주인이고, 도교 그러면 어머니가 주인이 된다. 그래서 도교는 특별히 여성숭배라 한다. 중국에서는 도교 그러면 여성을 숭배하는 사상이라고 하죠. 도교 때문에 여성을 숭배하는 사상이 강해요.

상선上善이라는 건 제일 좋은 것이다. 제일 좋은 것이 무엇인가? 세상에서 제일 좋은 것이 무엇인가? 어머니다. 그것이 상

---

1. 〈제11강 2005년 4월 10일〉

선이다. 어머니가 온 가족을 살려주는 것처럼 물이 모든 만물을 살려주니까, 어머니의 성질을 물하고 비교하는 게 가장 적당하지 않나 해서, 옛날부터 상선약수上善若水를, 어머니는 물과 같다, 라고 해요.

그래서 노자 81장 가운데서 이 8장이 가장 유명한 장이지요. 도교의 본질이 여기에 나타나 있다 그러죠.

상선약수上善若水, 어머니는 물과 같다. 수선리만물水善利萬物, 물은 모든 만물을 살려준다. 이부쟁而不爭, 물은 모든 만물과 절대 다투지 않는다. 그러니까 만물하고 물하고는 상대적인 것이 아니라 절대적인 거지요. 아이들하고 어머니하고, 서로 상대적인 것이 아니라 절대적인 거지요. 어머니는 아이들을 절대적으로 사랑하고, 아이들은 또 어머니를 절대적으로 사랑하는 거지, 그 관계는 상대적인 관계가 아니다. 그러니까 싸울 수가 없다. 이부쟁而不爭이죠.

처중인소오處衆人所惡. 고기어도의故幾於道矣.

처중인소오處衆人所惡, 옛날 집들은 전부 부엌이 낮았어요. 부엌에서 불을 때야 온돌이 더워지거든. 온돌하고 부엌하고 차이가 상당히 있어요. 부엌은 언제나 낮은 데거든. 어머니는 부엌에서 살았지, 안방에 들어가는 때가 거의 없지. 저녁 때 잘 때나 들어가지. 옛날 어머니들은 다 부엌에서 사는 거야. 부엌데기라 그러죠. 언제나 부엌에, 낮은 데 있다. 부엌보다 안방이 더 높고, 안방보다 사랑이 더 높은 거고, 그렇게 되지요. 그러고 아이들은 안방에 있고, 아버지는 사랑에 가있어요. 아버지가 제일 높은 데 있는 거지. 어머니는 제일 낮은 데 있고.

처중인소오處衆人所惡, 다른 사람들은 부엌에서 사는 거 싫어하지. 그러나 어머니에게는 부엌보다 더 좋은 데가 없다. 사람들이 제일 싫어하는 부엌에 살고 있죠.

고기어도의故幾於道矣, 그러니까 하나님과 비슷하다. 도라고 하는 게 하나님이란 뜻이지요. 요전에 우리가 공부할 때 하나님은 세 가지, 아들 하나님, 아버지 하나님, 어머니 하나님, 이렇게 되거든. 기어도幾於道라. 하나님하고 같다. 가깝다 그래도 되고, 같다 그래도 되고.

기독교로 말하면 성부, 아버지 하나님. 성자, 아들 하나님. 성령, 어머니 하나님. 기독교에선 그 하나님 셋을 삼위일체라 그러지요. 어느 집이나 아버지, 어머니, 아들이 삼위일체지요. 그래야 한 집이 되지, 그렇지 않으면 한 집이라고 하기가 어렵죠. 삼위일체라고 하는 거, 이건 어디나 있는데, 유교 그러면 아버지가 강하고, 남존여비, 그런 말이 유교에서 나오거든. 유교는 자꾸 아버지, 아버지 하니까 그만 어머니가 무시당한다 그러지. 아버지, 이것은 유교죠.

또 아들, 이건 불교, 휴머니즘이라 그래. 인간본위의 사상이다. 부처 그러면 이거 인간이지. 인간본위의 사상이지. 아버지는 신본위의 사상이지. 그러나 이 어머니 중심의 사상, 이건 자연본위의 사상이죠. 무위자연이지. 자연주의, 이것이 소위 도교라는 거지요.

자연주의, 인본주의, 신본주의, 이제 그렇게 우리가 말할 수 있지요. 어머니야말로 하나님하고 가깝다, 이렇게 되지. 기어도 幾於道야.

거선지居善地. 심선연心善淵. 여선인與善仁.

거선지居善地, 이건 물이라 그래도 좋고, 비라 그래도 좋고, 뭐라 해도 좋아요. 비가 와야 살지, 비가 안 오면 어떻게 삽니까? 저 아랍 같은 데는 어떻게 사는지 모르겠어요. 세수할 때도 모래로 한대요. 물이 없으니까. 그런 데서 어떻게 사는지 정말 생각만 해도 끔찍하죠. 물이 있어야 사람이 살지.

물이 있는 데를 오아시스라 그러죠. 오아시스 그러면, 제일 좋은 곳이지요. 거기야말로 정말 천국이죠. 오아시스라든가, 천국이라든가 우리가 묘사할 땐 언제나 물이 흐르지요. 물이 흘러

가지 않는 천국이 어디 있겠어요. 물이 없으면 그건 사막이야. 물이 있어야, 비가 와야 살 만하다. 거선지居善地야.

심선연心善淵, 심이라는 건 중심이라는 거니까 물이 고여야 호수가 되지. 우리가 도교 그럴 때, 무위자연無爲自然 겸하부쟁謙下不爭 청정원담淸淨湲澹 장생불사長生不死, 요 네 가지가 아주 도교의 핵심이죠. 도교의 핵심도 되지만 물의 핵심이죠. 물이라는 건 언제나 아래로 내려가는 거지. 제일 밑에 가 있는 거니까. 바다라는 거니까. 바다라고 하는 건 제일 아래 있거든. 바다하고 싸울 건 아무것도 없지. 겸하부쟁이니까. 청정원담, 맑을 원湲, 맑을 담澹. 깨끗하다 그래도 되고. 이것도 깨끗하고, 저것도 깨끗하고, 우리도 깨끗하게. 물이 있으니까 깨끗하지, 물 없으면 어떻게 할 거예요. 물이 제일 중요한 것은 깨끗하게 하는 거지. 어머니가 기저귀를 빨아 주니까 우리가 깨끗하지, 그렇지 않으면 우리가 어떻게 살겠어요.

어머니 그러면 성모聖母라 그러거든. 성선聖善이라고도 그러고. 성聖이라는 건, 서양 사람은 거룩하다, 이렇게 해석하지만, 우리는 거룩하다 그러면 잘 들어오질 않으니까 '깨끗하다' 하는 게 좋지요.

선인善仁이라 그러면 깨끗하다 그러지, 거룩하다 그러면 난 잘 몰라요. 깨끗하다 그러면 알 수 있거든. 어머니는 언제나 성선聖善이다. 옛날부터 어머니의 별명이 성선聖善이거든. 어머니는 깨끗하고 한없이 착하다, 한없이 좋다.

청정원담 장생불사야. 어머니는 오래도 살아야 하지만 어머니는 절대 죽지도 않아. 어머니는 언제나 자식들의 마음속에 살아 있지, 어머니가 마음속에서 나가는 일은 없어. 4월 초 닷새 날, 산에 어머니 찾아가는 거지만, 어머니 생각 안 하는 날이 어디 있어요? 그 날은 그저 다 가니까 찾아가는 것뿐이지. 어머니는 장생불사야. 이게 소위 핵심이지요.

무위자연이야. 어머니가 돼야, 모든 아이들이 잘 살 수가 있다, 어머니 없으면 다 죽는다, 이 소리지. 그래도 되고 더 할 것 없이 완전한 것, 그것이 자연이라 그래도 되지. 아무케 해도 다 같은 거야. 더할 것 없이 온전한 것이 어머니고, 더할 것 없이 온전한 것이 자연이고.

내가 늘 말하지만 아무리 비행기가 발달해도 독수리만큼은 안 될 거란 말이지. 독수리야 뭐 최고, 최선, 완전이지. 올라갈 수도 있고, 내려갈 수도 있고, 가만 서 있을 수도 있고, 독수리를 보면 정말 기가 막혀요, 어떻게 그렇게 하는지. 독수리 같은 거, 완전한 거지요. 독수리는 더할 게 없거든. 더할 게 없어. 그거 정말 완전한 거지.

그래서 무위자연 그러면 더할 게 없이 완전하다, 그런 무위자연이고, 또 어머니가 돼야 온 집안이 제대로 돌아간다, 그렇게 말할 수도 있고, 이건 뭐 여러 가지로 해석할 수 있으니까 그때그때 좋을 대로 해석해야죠. 제일 좋은 건 없을 '무無(毋)' 자하고 어머니 '모母' 자하고 같은 자라는 것이죠. 동양 사람들이 무, 무 그러는데 어떤 의미로 말하면 자연주의지. 어머니가 제일이다 하는 사상이지요.

자, 심선연心善淵이야. 물이 모이면 거기에 호수가 돼. 청정원담이지. 깨끗한 호수지. 여선인與善仁, 물은 모든 만물을 깨끗하게 만든다. 사랑한다는 거니까. 모든 만물을 다 살린다.

언선신言善信. 정선치政善治. 사선능事善能. 동선시動善時.

언선신言善信, 문제는 비가 와야 해결이 되지, 우물물이나 퍼서 농사짓겠어요? 비가 와야 해결이 되지. 비가 믿음직하다. 어머니야말로 믿음직하다. 제일 믿음직한 것이 어머니지 뭐, 다른 거 없다. 언선신言善信이야.

정선치政善治, 어머니가 돼야 제대로 다스리지. 정말 마루가 반들반들 빛나는 거, 그거 어머니 때문이지. 방도 깨끗한 거, 어머니 때문에 깨끗한 거지. 밤낮 깨끗하게, 빗자루라고 비라 그러지. 비가 와야 온 세상을 깨끗하게 쓸어 가지, 비가 안 오면 어떻게 할 거예요, 더러워서. 비가 와야 온 세상이 깨끗해진다. 정선치政善治, 깨끗해진다, 그렇게 해석해도 좋아요.

사선능事善能, 비가 와야 농사도 되고, 뭐도 되지, 비 안 오면 어떻게 할 거예요. 비가 와야 무슨 일이든지 된다.

동선시動善時, 비는 언제나 때를 맞춰서 온다. 봄에는 봄비가 보슬보슬 와야지. 봄에 소나기처럼 막 쏟아지면 안 되죠. 가을은 또 가을비가 오고, 여름엔 여름비가 오고, 다 때를 맞춰서 비가 오지요. 어머니의 젖도, 어린애 나이에 따라서 다 다르지. 맨 처음의 어머니 젖이 다섯 살쯤 되는 아이 먹이는 젖 같으면 어떻게 되겠어요. 그러니까 갓난애 먹는 어머니의 젖, 한 살짜리 먹는 젖, 두 살짜리 먹는 젖, 다 달라지거든. 그러니까 동선시라 이렇게 되지. 언제나 때에 맞추는 거지.

부유부쟁夫惟不爭 · 고무우故無尤.

부유부쟁夫惟不爭, 어머니는 절대야. 싸울 수 없는 존재야. 하나님 그러면, 하나님은 절대야. 우리가 하나님하고 싸울 순 없어. 절대야. 고무우故無尤, 허물 우尤 자지요. 아무 문제가 없다. 싸우지 않으면 문제가 없는 거지. 흠이 없다, 문제가 없다, 완전하다. 어머니는 절대고 완전해. 더 문제될 게 없어.

자, 저거부터 먼저 합시다.

박세당의 주

수선택물 水善澤物. 호추하 好趨下.
고이물처오부쟁 故利物處惡不爭.
위기성유이불오물야 謂其性柔而不忤物也.
기어도 幾於道. 수능택물처하 水能澤物處下.

수선택물水善澤物, 자연은 모든 만물에게 혜택을 준다. 물도 모든 만물에게 혜택을 준다. 호추하好趨下, 추는 달릴 추趨 자예요. 물은 내려가기를 좋아한다.

고이물처오부쟁故利物處惡不爭, 고故로, 그렇기 때문에 이물利物, 모든 만물을 이롭게 해주고, 처오處惡, 자기는 다른 사람이 싫어하는 제일 낮은 일, 그런 데 처해 있다. 부쟁不爭, 모든 만물하고 싸우지 않는다.

위기성유謂其性柔, 그 성질이 부드럽고 이불오물야而不忤物也, 모든 만물을 거스르지 않는다. 싸우지 않는다, 그 소리죠.

기어도幾於道, 도에 가깝다. 수능택물처하水能澤物處下, 물이야말로 모든 만물을 이롭게 하고 아래로 처한다.

박세당朴世堂[2]이 우리나라에선 아주 책을 많이 쓴 사람인데 『사변록』이 대표적인 책이지요.

---

2. 박세당朴世堂: 1629(인조7년)~1703(숙종29년), 호는 서계西溪, 노자 주해서로서 『신주도덕경』이 있다.

소자유의 주

상선 上善.
피고추하 避高趨下·선지 善地.
공허정묵 空虛靜黙·선연 善淵.
이택만물 利澤萬物·선인 善仁.
원선색지 圓旋塞止·선신 善信.
세척군예 洗滌羣穢·선치 善治.
우물부형 遇物賦形·선능 善能.
동응춘반 冬凝春泮·선시 善時.
수유부쟁 水唯不爭·무우 無尤.

상선上善은 피고추하避高趨下, 물은 높은 데를 피하고 낮은 데로 내려간다. 선지善地라. 나중 되는 땅이 좋은 땅이라. 선지야. 높은 데 있는, 산꼭대기에 옥토가 있겠어요? 아래 땅이 좋은 땅이지.

공허정묵空虛靜黙 선연善淵, 선연善淵은 호수지요. 호수라고 해도 좋고, 우물이라 해도 좋고. 호수, 우물은 텅 비었고, 우물 속의 물은 고요하고 아주 깨끗해. 선연善淵이라. 좋은 우물이라 그렇게 해둡시다.

이택만물利澤萬物, 모든 만물을 이롭게 하고 혜택을 주는 거, 그것이 선인善仁이라. 그것이 사랑이야.

원선색지圓旋塞止, 동그란 데는 돌아가고 또 내키면 멎고 그런 걸 선신善信이라. 그것이 믿음직한 거다.

세척군예洗滌羣穢, 모든 더러운 것을 깨끗이 하는 거, 그것이 선치善治라. 잘 다스리는 거다.

우물부형遇物賦形, 어떤 물건이든 그 물건의 형태를 만들어 준다. 나무는 나무로 만들어주고, 동물은 동물로 만들어주고, 그래서 모든 만물의 형태를 만들어준다. 그것이 선능善能이다.

동응춘반冬凝春泮, 겨울에는 얼어붙고 봄에는 녹는 것, 이것이 선시善時다.

수유부쟁水唯不爭 무우無尤, 물은 절대 싸우지 않는다. 그러니까 흠이 없다.

이건 소자유, 소동파 동생의 글이죠. 여기 각각 제 생각대로 해석을 하는 거지. 어머니를 생각하고 해석해도 되고, 물을 생각하고 해석해도 되고, 제게 맞게 해석하면 되는 거죠.

일곱 가지인데 이걸 물의 7성이라, 물에는 일곱 가지 좋은 점이 있다, 그렇게 옛날부터 말하는 거지요.

그다음 글은, 물은 뭐하고 제일 가깝나 그럴 땐, 철인과 제일 가깝다. 그래서 철인을 비교하는 거죠.

이광보의 주

중인처상衆人處上·피독처하彼獨處下.
중인처고衆人處高·피독처비彼獨處卑.

중인처이衆人處易·피독처험 彼獨處險.
중인처순衆人處順·피혹처역 彼或處逆.
중인처결衆人處潔·피혹처예 彼或處穢.
처중인소오處衆人所惡·수여쟁 誰與爭.
성인이만물부쟁지실 聖人利萬物不爭之實. 위상 爲上.

중인처상衆人處上, 모든 사람들은 위를 좋아하지만 철인은 아래를 좋아한다. 피독처하彼獨處下라.

중인처고衆人處高, 모든 사람들은 높은 데를 좋아하지만 피독처비彼獨處卑, 철인은 낮은 곳을 좋아한다.

중인처이衆人處易, 모든 사람들은 쉬운 걸 좋아하지만 철인은 어려운 걸 좋아한다, 험한 걸 좋아한다. 피독처험彼獨處險이다. 아이들은 일을 안 하려고 그러지만, 어머니는 자꾸 일한다. 더러운 일은 전부 어머니가 한다.

중인처순衆人處順, 모든 사람들은 순한 것을 좋아하나 피혹처역彼或處逆, 성인은 거스르기도 한다. 모든 사람은 다 유행을 따르지만 성인은 유행을 거슬러가는 때도 있다. 세상이 다 그렇다 그래도 성인은 안 그렇다, 아주 또 반대라 이거지요. 처역이야. 세상하곤 아주 반대를 할 때도 있다.

중인처결衆人處潔, 중인은 깨끗한 걸 좋아하지만 피혹처예彼或處穢, 성인은 더러운 것을 처리한다.

처중인소오處衆人所惡, 성인은, 중인이 싫어하는 데에 처해 있으니까 수여쟁誰與爭, 누가 성인하고 싸우겠는가. 성인하고 다툴 사람은 없다. 왜? 성인은 언제나 져주니까, 싸울 사람이 없다.

성인이만물聖人利萬物 부쟁지실不爭之實, 성인은 모든 만물을 이롭게 하면서도 싸우지 않을 수 있는 실력을 가지고 있다. 실력이 있어야 싸우지 않지 실력이 없으면 그건 안 되지요. 무저항 그러려면 실력이 있어야 무저항이지, 실력이 없으면 무저항 할 수 없지요.

맥아더가 자꾸 도망치는 거는 힘이 없어서 도망치는 게 아니지. 실력이 있으니까 도망치는 거지. 그렇잖아요? 장개석이 자꾸 도망치니까 일본 놈들 자꾸 쫓아갔지. 한참 쫓아가다보니까 백만 명이 갔는데 나중에는 한두 명만 남는다. 남기고 또 가고, 남기고 또 가고 하다보니까 한두 명 밖에 안 남게 되거든. 그때 가서 저쪽에서 와 몰려오니까, 이 뭐 한두 명이 어떻게 하겠어요. 그냥 다 죽고 마는 거지.

소련도 그거 아니에요? 히틀러가 계속 쫓아가니까 스탈린이 계속 도망쳐요. 계속 쫓아가서 어디까지 갔나? 모스크바까지 쫓아갔거든. 결국은 다 졌어요. 그냥 다 얼어 죽고 말았어요. 그때 스탈린이 반격해 오니까 꼼짝 못하는 거지. 무저항의 저항이라는 게 무서운 거죠. 그러니까 쓸데없이 쫓아가면 무저항 저항한테는 꼼짝 못하는 거지.

부쟁지실不爭之實이야. 싸우지 않을 수 있는 실력을 가지고 있기 때문에 위상爲上이야. 최고가 된다.

권재구의

此章又以水喻無容心之意. 上善者. 至善也. 謂世間至善之理. 與水一同. 水之爲善. 能利萬物. 而何嘗自以爲能. 順流而不逆不爭也. 就卑就濕. 不以人之所惡爲惡也. 以此觀水. 則近於道矣. 幾者. 近也. 居善地. 言居之而安也. 心善淵. 言其定而靜也. 與善仁. 言其仁以及物也. 言善信. 言出口皆實理也. 政善治. 以之正國則必治也. 事善能. 以之處事則無不能也. 動善時. 隨所動而皆得其時也. 此七句. 皆言有道之士. 其善如此. 而不自以爲能. 故於天下無所爭. 而亦無尤怨之者. 此即汝惟不爭. 天下莫與汝爭能也. 解者多以此爲水之上善七. 故其說多牽强. 非老子之本旨.

차장우이수유무용심지의此章又以水喻無容心之意.

차장此章, 이 장은 우이수又以水, 물을 가지고 유무용심지의喻無容心之意, 마음에 용납하는 게 없다 그러는데, 간단히 말하면 자기라는 게 없다 이거지. 어머니는 자기가 없다. 어머니는 아이들을 사랑하면서도, 사랑한다 그런 마음이 없다. 그걸 무용심無容心이라 그러는 거지. 아이들을 자기가 사랑하고 있다 그런 마음이 없어. 자기가 고생하고 있다 그런 마음도 없어. 그러니까 어머니는 뭔가? 자기가 없다.

상선자上善者. 지선야至善也.

상선자上善者, 상선이라고 하는 건 뭔가? 지선야至善也, 절대선이라. 그건 하나님의 선이지, 인간적인 선을 말하는 게 아니다.

위세간지선지리謂世間至善之理. 여수일동與水一同.
수지위선水之爲善. 능리만물能利萬物.
이하상자이위능而何嘗自以爲能.

위세간지선지리謂世間至善之理, 그건 이 세상에서 말하는 진리나 같은 말이다. 상선이라는 말은 진리나 같은 말이야. 여수일동與水一同 수지위선水之爲善, 물은 하나와 같아. 절대자와 같아. 수지위선, 물이 좋다는 건 뭔가? 능리만물能利萬物, 만물을 다 살려주는데, 살려주면서도 이하상자이위능而何嘗自以爲能, 내가 살려줬다 그런 생각이 없다. 어머니는 아이들을 기르면서도 내가 길렀다, 그런 생각이 없다.

순류이불역부쟁야順流而不逆不爭也.
취비취습就卑就濕. 불이인지소오위오야不以人之所惡爲惡也.

순류順流, 흐름을 쫓아서 아래로 내려가는데 이불역부쟁야

而不逆不爭也, 거스르지도 않고 싸우지도 않는다. 취비취습就卑就濕, 낮은 데, 습한 데로 내려간다. 불이인지소오위오야不以人之所惡爲惡也, 다른 사람들이 싫어하는 거, 그걸 싫다고 그러지 않는다. 오는 싫어할 오惡 자. 다른 사람들이 싫어하는 거, 그걸 싫다 그러지 않아. 아이들은 똥 싸 놓고는 싫다 그래. 근데 어머니는 싫다 그러지 않는다.

이차관수以此觀水. 즉근어도의則近於道矣.
기자幾者. 근야近也.

이차관수以此觀水, 이렇게 물이라는 걸 생각해보면 즉근어도의則近於道矣, 이거야말로 절대자지, 상대자라고 할 수는 없다. 기자幾者, 기라는 말은 근야近也, 가깝다는 말이다.

거선지居善地. 언거지이안야言居之而安也.
심선연心善淵. 언기정이정야言其定而靜也.
여선인與善仁. 언기인이급물야言其仁以及物也.
언선신言善信. 언출구개실리야言出口皆實理也.
정선치政善治. 이지정국즉필치야以之正國則必治也.
사선능事善能. 이지처사즉무불능야以之處事則無不能也.
동선시動善時. 수소동이개득기시야隨所動而皆得其時也.
차칠구此七句. 개언유도지사皆言有道之士.

거선지居善地, 여기서 거선지 그러는 건, 무슨 뜻인가 그러면, 사는 게 편안하다 그런 뜻이야. 이 사람은 그렇게 해석했어요. 언거지이안야言居之而安也.

심선연心善淵, 이건 무슨 말인가? 언기정이정야言其定而靜也, 안정되었고 고요하단 뜻이다.

여선인與善仁은 무슨 뜻인가? 언기인이급물야言其仁以及物也, 그 사랑이 모든 만물에 미친다는 뜻이다.

언선신言善信은 무슨 말인가? 언출구개실리야言出口皆實理也, 말이 입에서 나가면 다 이치에 들어맞지, 이치에 맞지 않는 게 없다.

정선치政善治란 말은 이지정국즉필치야以之正國則必治也, 나라를 바르게 하면 반드시 다스려진다.

사선능事善能이란 이지처사以之處事, 무슨 일을 처리할 때도 즉무불능야則無不能也, 능하지 않은 일이 없다, 그런 뜻이다.

동선시動善時란 무슨 뜻인가? 수소동隨所動, 움직이는 데 따라서 이개득기시야而皆得其時也, 다 그때에 맞는다, 그런 뜻이다.

차칠구此七句, 이 일곱 마디는 개언유도지사皆言有道之士, 도에 있는 사람, 성인에 대해서 하는 말이다.

소자유하고 이 사람하고 다른 것은, 소자유는 물의 가치에 대해서 말하는 거고, 이 사람은 성인에 대해서 말하는 거죠. 그러니까 소자유는 자연을 말하는 거고, 권재는 사람을 말하는 거고, 입장이 달라요.

기선여차其善如此. 이부자이위능而不自以爲能.
고어천하무소쟁 故於天下無所爭.
이역무우원지자而亦無尤怨之者.
차즉여유부쟁 此即汝惟不爭.
천하막여여쟁능야 天下莫與汝爭能也.

기선여차其善如此, 그 선이 이렇게 일곱 가지나 되는데 이부자이위능而不自以爲能, 자기가 잘났다 그런 것이 없다. 고故, 그렇기 때문에 어천하무소쟁於天下無所爭, 이 세상하고는 절대 싸우지 않는다. 이역무우원지자而亦無尤怨之者, 그 사람을 미워하는 사람은 아무도 없다.

차즉此即 여유부쟁汝惟不爭 천하막여여쟁능야天下莫與汝爭能也, 너는 싸우지 않는다. 왜? 천하에 너하고 싸울 사람이 아무도 없다. 그 말이 무슨 말인가? 너 같이 강한 사람은 없다. 어머니처럼 강한 이가 없다. 어머니하고 싸울 놈은 아무도 없다 이거죠.

이건 어디 있는 말인가 하면 『서전書傳』에 있는 말이에요. 서전의 〈대우모大禹謨〉편에 나오는 글이지요.[3] 이 사람은 서전을 인용하는 거지. 물은 세상에서 가장 강하다 이거지요.

더 다르게 말하면 사랑은 세상에서 가장 강하다. 사랑은 죽음보다도 강하다. 하나님은 제일 강하다. 왜 강한가? 하나님은

---

3. 『書傳』, 〈大禹謨〉 "汝惟不矜 天下莫與汝爭能也." 김혁제 교열(서울: 명문당, 1981/2009), p.42.

사랑이니까. 그렇게 되잖아요? 가장 강하다, 이게 소위 물이요, 어머니다. 옛날엔 성을 공격할 때 물로 공격했거든. 물로 공격하면 이길 놈이 하나도 없지. 그러니까 세상에서 물이 제일 강하고, 어머니가 제일 강하다. 그렇게 강하다는 뜻이다. 싸울 자가 하나도 없다, 그렇게 해석해도 좋다 이거죠.

> 해자다이차위수지상선칠解者多以此爲水之上善七.
> 고기설다견강故其說多牽强. 비노자지본지非老子之本旨.

해자解者, 해석하는 사람이 다이차위수지상선칠多以此爲水之上善七, 이것을 자연적인 물의 일곱 가지 좋은 점들이라, 이렇게 말하는데, 자기는 그렇게 생각하지 않는다. 고기설다견강故其說多牽强, 그것은 억지다. 이건 사람에 대해서 말한 거지, 자연에 대해서 말한 게 아니라는 거지요. 권재는 아주 사람의 편이지. 비노자지본지非老子之本旨, 그건 절대 노자의 본지가 아니다.

이건 본래는 물에 대해서 말하는 건데, 그 물을 본 딴 성인이 그렇게 사는 수도 있다, 이렇게 돼야지. 그렇지 않아요? 하나님은 사랑이니까 어머니도 하나님을 닮아서 사랑이라 이렇게 돼야지요. 그렇게 되는 게 당연한 거죠.

제9장

자족自足

사람의 욕심은 끝이 없다.
물이 가득찬 그릇을 들고 간다는 건 참 어렵다.
조금 채우고, 들고 가기 쉽게 하는 것만 못하다.

第九章 持而盈之

持而盈之·不如其已.
揣而銳之·不可長保.
金玉滿堂·莫之能守.
富貴而驕·自遺其咎.
功成名遂身退. 天之道.

9장은 3장에 나왔던 얘기가 다시 나와요.[1] 이거 언제나 같아요. 8장은 절대자, 요전에 7장은 철인, 오늘 9장은 이상세계, 언제나 이 세 가지가 붙어 다녀요. 요전에 3장, 이상세계죠. 9장, 이것도 이상세계예요.

노자의 생각 속에는 언제나 이 두 가지가 있어요. 자기의 소질을 키우고, 그걸 가지고 자기의 사명을 다해야 된다. 이것이 기본이니까. 도라, 그럴 때도 그때그때 말은 다르지만 다 같은 얘기지요.

---

1. 〈제11강 2005년 4월 10일〉

돈도 중요하지만 그보다 더 중요한 건, 도라 이거지. 돈도 중요하지만 그보다 더 중요한 게 진리다. 진리를 깨닫는 거, 이게 제일 중요하다. 학교에 가서 공부하는 거, 왜 공부해요? 진리를 깨달으려고.

이 진리를 깨닫는 거, 그것이 중요하다. 그리고 자기의 사명을 다하는 것이 더 중요하다. 언제나 부富보다도 진리가 더 중요하고, 귀貴보다도 생명이 더 중요하고. 진리와 생명이죠.

기독교로 말하면 진리와 생명이지요. 더 쉽게 말하면 하나님을 사랑하고 이웃을 네 몸같이 사랑해라, 그 두 가지에요. 그걸 이렇게도 저렇게도 자꾸 말해가는 거지. 하나님을 사랑하고 이웃을 사랑하는 세계, 그것이 이상세계다. 하나님을 사랑하지 않고 돈만 사랑하고, 이웃을 사랑하지 않고 감투를 사랑하고 그러면 그건 아주 지옥이라 이렇게 돼. 이거 요전에 한 거니까 간단히 하죠.

지이영지持而盈之 · 불여기이不如其己.

지이영지持而盈之는 거꾸로 해서, 영이지지盈而持之라는 말이나 같아요. 가득 찼는데 또 더 가질라 그래. 그만큼 있으면 실컷 먹고 살 텐데, 또 더 벌려고 그래. 다 같은 말이죠. 가득 찼는데 더 가지려고 한다. 불여기이不如其己, 그것은 덜 갖는 것만 못해. 이르라는 건 그만 둔다, 덜 가지는 것만 못해.

    옷장에 옷이 가득 찼는데도 또 가서 사 오려고 그래. 그거는 좀 줄이는 것만 못해. 그때 누구죠? 필리핀 대통령 부인, 이멜다 여사. 구두가 천 켤레라니까. 천 켤레가 있어도 아마 또 사려고 했을 거야. 그러지 마라 이거지. 구두 한 켤레도 없는 사람이 있는데 천 켤레씩 가지고 또 사면 어떻게 하냐. 지이영지持而盈之 불여기이不如其已, 가득 찼는데 또 사려고 하는 건 그만 두는 것만 못하다.

    췌이예지揣而銳之·불가장보不可長保.

    췌이예지揣而銳之 불가장보不可長保, 그만해도 감투가 높은데, 더 높은 감투 쓰려고, 그거 좋지 않다. 췌이예지揣而銳之, 이것도 예이췌지銳而揣之 하는 말이나 같은 말이지. 날카로운데, 그만해도 대단한데, 그만해도 감투가 높은데, 더 높은 감투 쓰려고, 그거 좋지 않다. 췌이예지揣而銳之 날카로운 데 더 날카롭게 하려고, 그건 좋지 못하다. 그러면 오래 못 가. 낫 같은 거 갈 때 너무 갈면 날이 또 넘어져. 넘어지면 그거 버리고 만다. 적당히 갈아야지. 그래서 불가장보不可長保라.

    금옥만당金玉滿堂·막지능수莫之能守.

금옥만당金玉滿堂, 집에 돈이 가득 차면 막지능수莫之能守, 빼앗으려고 애쓰는 사람이 참 많다. 그거 어떻게 지키나. 돈 많은 사람은 제일 문제가 뭔가 하면, 아이들 학교 보내는 게 제일 문제예요. 학교에 그냥 보낼 수가 없거든. 납치해서 죽이면 어떻게 하냐 이거지.

나도 돈 많은 사람 하나 알았는데 그 집에 제일 걱정은 아이들 학교 보내는 게 제일 걱정이야. 그래서 학교 갈 때 따라가고 끝날 때까지 기다려서 데려 오고, 그렇게 해요. 그러니까 부자 되는 것도 보통일이 아니죠. 아이들 학교도 잘 못 보내고, 막지능수莫之能守야.

부귀이교富貴而驕·자유기구自遺其咎.
공성명수신퇴功成名遂身退. 천지도天之道.

부귀이교富貴而驕, 돈 많고 벼슬해서 자꾸 교만해지면, 자유기구自遺其咎야. 제가 제 무덤을 파는 거야. 자기가 자기 무덤을 파. 자기가 제 허물을 파는 거야.

공성명수신퇴功成名遂身退, 돈을 어느 정도 벌고, 벼슬도 어느 정도 했으면 신퇴身退, 곧 그만둬야 한다. 천지도天之道, 그게 하늘의 도다.

늘 나오는 사람, 한 나라 고조 유방에게 제일 중요한 사람이 누구죠? 한신韓信과 장량張良이죠. 한신이라는 사람은 싸워서 이겼고, 장량이라는 사람은 작전을 잘해서 이겼죠.

한신이라는 사람은 자기 동네에 갔는데 깡패들이 자기를 어떻게 하려고 하니까, 그냥 벌벌 기면서 깡패 발밑으로 엎드려서 기어갔다 그러잖아요. 이 깡패들하고 싸워 가지고야 내가 어떻게 힘센 사람, 항우項羽를 이기겠는가? 깡패한테는 아주 벌벌 기는 사람이라야 항우를 이기지, 그렇지 않으면 항우를 못 이긴다 이거죠. 한신은 그런 사람이고.

장량은 참모죠. 어떻게 전략이 좋은지 장량이 한 번 전략을 짜면, 항우의 군사들이 눈물을 흘리면서 돌아갔다는 거지요. 고향의 음악을 연주하니까 다 전의를 상실하고 돌아갔다 그러지요. 그래서 장량이라는 사람이 유명해요.

그 한 고조가 나라를 세울 때, 두 사람에게 제일 큰 보물을 줘야 되겠다 하고, 너희들한테는 내가 땅을 삼분의 일이라도 떼 달라면 떼 주마, 그러면서 그때 공을 많이 나눠줬어요.

그런데 장량만은, 자기는 절대 안 받겠다는 거지. 네가 안 받으면 어떻게 하냐, 그래도 받아야지, 그렇지 않으면 다른 사람들이 미안하지 않느냐? 그랬더니 이 장량이 저기 산골에 경치 좋은 데, 거기나 가서 살고 싶으니까, 거기 가서 좀 살게 해 달라고, 그래서 거기 갔다는 거지. 거기가 지금 중국에서 제일 경치 좋은 데라는 거지. 계림이 경치 좋은 줄 알았는데, 거길 가보니까 더 좋더라고 해요. 거기가 장량이 살던 덴데 요전에 내가 이름을 들었는데, 뭐라 그러는지 다 잊어먹었어요. 장가계, 아, 장가계라 그러는 데, 장가계라는 데가 그렇게 경치가 좋더라는 거야. 그게 장량이 살던 데에요.

그런데 한 고조가 왕이 되어 정치를 하다 보니까, 자기 아들보다 다 똑똑하다, 자기 아들이 왕위를 계승 못할 것 같다 해서 자기 아들보다 똑똑한 놈은 다 잡아 죽였다. 오직 남은 건 장량이 하나 남았더라 이거지. 그런 역사가 있어요. 그러니까 이 장량이 그걸 미리 알고서 그렇게 갔는지 어땠는지는 모르지만, 하여튼 이거 똑똑한 사람이지. 그래서 언제나 장량이 얘기가 나오는 거죠.

권재구의

此章只言進不如退. 故以持盈揣銳爲喻. 器之盈者必溢. 持之則難. 不如不盈之易持. 已者. 勿盈之意也. 揣. 治也. 銳. 銛也. 治器而至於極銛極銳. 無有不折. 不若不銳者. 可以長保. 富而至於金玉滿堂. 必不能長保. 居王公之位. 而至於驕盈. 必遺其咎. 故欲全其功. 保其名者. 必知早退. 乃爲天道. 功成名遂. 是隨其大小. 而能自全者. 故曰成. 曰遂. 若不知自足. 則何時爲成耶. 何時爲遂耶. 此四字順子細看.

차장지언진불여퇴此章只言進不如退.
고이지영췌예위유故以持盈揣銳爲喻.
기지영자필일器之盈者必溢. 지지즉난持之則難.
불여불영지이지 不如不盈之易持.

차장此章, 이 장은 지언진불여퇴只言進不如退, 너무 나가려고 하는 것은 후퇴하느니만 못하다, 그런 뜻이다. 고故, 그러니까 이지영췌예위유以持盈揣銳爲喻, 가득 찬 데 더 채우려고 그러지 말고, 날카로운 데 더 날카롭게 하려고 하지도 마라. 기지영자器之盈者, 그릇에 물이 가득 차면 필일必溢, 반드시 넘친다. 지지즉난持之則難, 물이 가득 찬 그릇을 들고 간다는 건 참 어렵다. 불여불영지이지不如不盈之易持, 조금 채우고, 들고 가기 쉽게 하는 것만 못하다.

밥도 80%만 먹지, 100% 먹지 마라. 배가 나올 때까지 먹으면 안 된다. 언제나 조금 부족한 데가 있어야 좋다.

이자기者. 물영지의야勿盈之意也.
췌揣. 치야治也.
예銳. 섬야銛也.
치기이지어극섬극예治器而至於極銛極銳. 무유부절無有不折.
불약불예자不若不銳者. 가이장보可以長保.

이자기者 물영지의야勿盈之意也, 이는 채우지 마라 그런 뜻이다. 췌揣 치야治也, 췌라는 건 치治다. 갈다(마磨)라는 뜻이다. 예銳 섬야銛也, 예는 섬이다. 섬은 날카로울 섬銛 자. 치기이지어극섬극예治器而至於極銛極銳, 날카로운 걸 더 날카롭게, 그러지 마라. 낫을 갈 때는 지어극섬극예至於極銛極銳, 너무 날카롭게 갈지 마라. 무유부절無有不折, 그렇게 하면 칼날이 부러진다. 불약불예자不若不銳者, 어느 정도 갈고는 말아라. 가이장보可以長保, 그래야 오래 간다.

부이지어금옥만당富而至於金玉滿堂. 필불능장보必不能長保.
거왕공지위居王公之位. 이지어교영而至於驕盈.
필유기구必遺其咎.

자족 177

부이지어금옥만당富而至於金玉滿堂, 가득 차면 필불능장보必不能長保, 오래 가기 어렵다. 거왕공지위居王公之位, 왕공도 오래 하면 이지어교영而至於驕盈, 교만해져서 필유기구必遺其咎, 그만 자기의 무덤을 파게 된다. 허물 구咎 자. 자기가 자기 무덤을 파게 된다.

고욕전기공故欲全其功. 보기명자保其名者.
필지조퇴必知早退. 내위천도乃爲天道.
공성명수功成名遂. 시수기대소是隨其大小.
이능자전자而能自全者.

고故, 그렇기 때문에 욕전기공欲全其功 보기명자保其名者, 돈을 많이 벌고 벼슬이 높아진 사람은 필지조퇴必知早退, 빨리 그만둬야 한다. 내위천도乃爲天道, 이것이 천도다. 공성명수功成名遂, 돈 많이 벌고 이름 높아지면 시수기대소是隨其大小, 이 사람은 "대소"로 해석했으니까, 공성은 크고 명성은 조그맣다 이렇게 해석했어요. 이능자전자而能自全者, 그렇게 해서 온전할 수는 없다.

고왈성故曰成. 왈수曰遂.
약부지자족若不知自足. 즉하시위성야則何時爲成耶.
하시위수야何時爲遂耶. 차사자순자세간此四字順子細看.

고왈故曰, 그렇기 때문에 성成이라 하고, 수遂라 한 것이다. 약부지자족若不知自足, 언제든지 이만했으면 됐다, 자족할 줄을 알아야지, 자족할 줄 모르고 계속 쫓아가다가는 즉하시위성야則何時爲成耶, 언제가 끝이겠는가. 얼마나 벌면 만족할 수 있겠는가. 나는 이만큼 벌었으면 됐다 그리고 끝내야지. 더 벌어야겠다, 더 벌어야겠다, 그러면 죽고 만다. 하시위수야何時爲遂耶, 그렇게 더 벌겠다 그러다가, 언제까지 가야 끝이 나겠는가. 언제 가야 완수가 되겠는가. 끝이 없다. 사람의 욕심은 끝이 없다.

칼라일의 말대로 지구의 절반을 줘도 만족하지 않는다. 그렇지 않아요? 지구의 절반을 줘도 만족하지 않아. 일본 사람들은 독도만 달라 그러지. 독도 주면 제주도 달라 그러겠지. 제주도 주면 경상도 달라 그러겠지. 그러면서 임신왜란 때 어디까지 올라왔어요? 평양까지 올라오지 않았어요. 끝이 없는 거지. 사람 욕심이란 게 끝이 없다.

차사자此四字, 이 네 자를 순자세간順子細看, 자子는 아들 자 子 자. 자세히 들여다봐라, 꼼꼼히 들여다봐라 할 때 자세仔細지. 사람 인 변에, 아들 자, 이렇게도 써요. 자세히 잘 살펴봐라 그 소리지.

소자유의 주
일중즉이 日中則移. 월만즉휴 月滿則虧.
사시지운 四時之運·성공자거 成功者去.
천지상연 天地尚然·이황어인호 而況於人乎.

일중즉이日中則移, 태양이 하늘 혹은 머리 위에 올라오면, 그다음엔 기울어진다. 월만즉휴月滿則虧, 달이 보름달이 되면 또 기울어진다.[2]

사시지운四時之運, 한 해는 네 계절이 있어서 봄이 꽉 차면 여름이 오고, 여름이 꽉 차면 가을이 오고, 가을이 꽉 차면 겨울이 오고, 겨울이 차면 또 봄이 오고, 그렇게 사시는 자꾸 돌아간다. 성공자거成功者去, 봄이 무르익으면, 봄은 가고, 다시 여름이 오고, 천지상연天地尚然, 천지도 이러니까 이황어인호而況於人乎, 하물며 사람에게 있어서랴. 사람도 이렇게 자꾸 좀 돌아가야 된다, 그 소리지요.

과학을 하다가 과학의 요령이 잡히면 그다음엔 철학을 하고, 또 철학의 요령이 잡히면 그다음엔 종교를 하고, 종교의 요령을 잡으면 그다음엔 예술을 하고, 이런 식으로 자꾸 돌아가야 되지 않느냐 하는 거죠. 이 사시四時라고 하는 것과 과학, 철학, 종교, 예술은 같은 거니까 보통 인의예지라 그러죠. 인의예지는 성이라는 건데, 퇴계가 말하는 사단칠정四端七情이에요. 사단이

---
2. 〈제12강 2005년 4월 17일〉

란 성性이라는 거죠.

성은 하면 되는 거지만, 명命은 되는 수도 있고, 해도 안 되는 수도 있고, 그런 걸 보통 명이라고 해요. 돈 번다 그럴 때, 모아지는 사람도 있지만, 아무리 돈을 벌려 해도 안 모아지는 사람도 있죠. 그런 걸 명命이라 그래요.

과학 그러면, 과학은 하면 되지, 그건 안 되는 법은 없어요. 철학도 하면 되지, 안 되는 법은 없죠. 또 종교, 예술 다 마찬가지야. 하면 되는 거, 이걸 성이라 그래요.

사람에게는 대개 인의예지라고 하는 성이 있다. 이걸 사단이라 그러는데, 퇴계가 말하는 사단이라는 것이 이거거든. 이 사단만은 누구나 해도 할 수 있는 거지, 해서 안 된다 그러는 건 없다. 일생이라고 하는 게 이럴 때, 젊었을 때, 장년이 되어서, 노년이 되어서, 일생을 사는 거거든. 일생을 사니까, 이 일생 동안에 될 수 있으면 우리가 이 인의예지도 한번 경험해보는 게 좋아요.

과학도 하고, 또 과학의 요령이 잡히면 철학도 하고, 또 종교도 하고, 예술도, 이거 네 가지를 해야, 이게 사람이 제대로 일 년이 된 거지. 옛날엔 이걸 전인교육이라 그랬는데, 지금도 전인교육을 해야 되지 않느냐 하지만 요샌 너무 복잡해서 그게 잘 안 되는 거죠.

칸트 그러면 처음엔 과학자, 그다음엔 철학자, 그다음엔 종교가, 그다음엔 예술가까지. 파스칼도 물론 그렇지요. 헤겔도 그렇지요. 미켈란젤로니 그런 사람 다 그렇지요. 이렇게 한 바퀴 빙 도는 것을, 인생의 하나의 규범으로 삼았죠. 사람도 이 사시 四時처럼, 좀 그렇게 해야 되지 않느냐.

경제 그러면 경제도 어느 정도 하면 또 정치도 해야 되고, 정치도 또 어느 정도 하면 문화도 해야 되고, 문화도 어느 정도 하면 자꾸 돌아가야지, 문화가 안 되면 자살하고 만다, 그렇게 되면 안 된다. 사람의 가능성은 여러 가지 있으니까, 그 여러 가능성을 꼭 꼭 찔러보아서 제일 좋은 걸 한다, 그런 얘기죠. 사시가 돌아가는 것처럼, 사람은 사단을 한번 이렇게 해야 된다.

우리가 공부할 때 물론 공부하지요. 또 취직해서 일할 때, 물론 일하지요. 그리고 정년퇴직을 하면 그다음에도 또 뭘 해야 되거든. 헌데 그거 안 하는 사람이 참 많다. 정년퇴직하면 그냥 아무것도 안 하는 거다 하는 생각이, 잘못된 생각이란 말이지.

여름이 지나가면 가을이 오는 거고, 가을이 지나가면 또 겨울이 오는 거지. 일하면, 일이 끝나면 그다음에 할 것이 또 있어야지. 할 게 없으면 그냥 파고다 공원에 가서 앉아있게 된다 이거지. 그렇게 되면 인생이라는 게 아주 비극이 되고 말거든. 반드시 정년퇴직하고는 뭘 또 해야지. 그게 키르케고르의 인생의 삼단계라는 거지.

본래는 사단이지만, 키르케고르는 삼단계라고 말한 거죠. 인생에는 반드시 삼단계가 있어야 한다. 그러니까 정년퇴직하고 뭘 하느냐? 이게 가장 중요한 거예요. 그런데 그걸 생각하지 못하는 사람들이 참 많거든. 누구나 공부하는 것까진 다 하는데, 일하고 그다음에 뭐하느냐, 이건 안 하는 사람이 참 많아요. 난 정년퇴직하고 반드시 뭘 하겠다, 아주 준비를 단단히 해두는 게 좋다고 생각해요.

난 맨 처음엔 과학으로서 법학을 했어요. 그다음에 철학을 했고, 그다음엔 종교를 했죠. 그리고 내가 오십 세부터 예술을 좀 해봐야 되겠다 그래서, 그림도 어렵고 음악도 어려우니까 붓글씨를 시작했다. 그런데 붓글씨를 석 달인가 했는데 선생님이 그만 세상을 떠났나. 그래서 그게 좌절됐어요. 선생님이 세상을 떠났을 때, 다른 선생님으로 옮겨 탔어야 되는데 그걸 못했거든. 그리고 10여년이 지나갔지. 그렇게 하고서 또 붓글씨 선생님이 생겨서 시작을 했는데, 그런데 예술은 시간이 많이 걸려요. 예술은 많이 걸리니까 그걸 좀 미리 50세 때부터 했으면 지금은 꽤 할 수 있을 텐데, 이게 시간이 없단 말이지.

내가 아는 사람은 50에 동양화를 시작했는데, 이젠 뭐 대가가 됐단 말이지. 그렇게 해서 미리미리부터, 아무래도 과학은, 내가 늘 말하는, 과학은 3년, 철학은 6년, 종교는 12년, 예술은 24년, 하여튼 24년 걸려도 잘 안 되거든. 그러니까 이 예술은 미리미리 자꾸 준비해두지 않으면 정말 대성하기가 어렵다. 그러니까 미리미리 해서, 난 정년퇴직하고 뭘 하겠다는 걸 미리 생각해뒀다가 하는 게 제일 좋아요.

여길 보의 주
법천지도이이의 法天之道而已矣.
개공성명수신퇴천지도 蓋功成名遂身退天之道.
차소이무사이성기사야 此所以無私而成其私也.
봉인지고요왈퇴이 封人之告堯曰退已.
기법천지도지위호 其法天之道之謂乎.

법천지도이이의法天之道而已矣, 언제나 사람은 이 자연의 순환처럼, 그걸 본받아야 한다. 공성명수功成名遂, 과학의 요령을 잡았으면 그거 물러가고, 그다음에 철학을 하고, 그런 식으로. 공성명수功成名遂가 되면 그다음에 신퇴身退야. 그것도 물러나고 또 새롭게 하는 거야. 그것이 천지도天之道야. 그게 하늘의 길이야.

차소이무사이성기사야此所以無私而成其私也, 사람은 한 번 무사無私가 돼야, 성기사成其私가 된다. 봄이 지나가야 또 여름이 온다. 계란이 끝나야 병아리가 된다. 인생이 끝나야 또 새로운 내생이 시작된다. 사람은 언제나 영원한 거지, 끊어지는 법은 없다. 그렇잖아요?

1년 그러면 영원한 거지. 봄에서 끊어졌다거나 여름에서 끊어졌다든가, 그것이 없다. 사람은 죽으면 그걸로 끊어지는 게 아니다. 육체라고 하는 걸 썼다가 육체의 껍질을 벗으면 그다음에 영체라는 새로운 몸을 우리가 받아 가지고 또 사는 거지, 육체가 끝났다고 해서 인생이 끝나는 건 아니다. 인생은 영원한 거지 일시적인 것이 아니다. 그 말을 자꾸 하는 거지요.

도라는 건, 그런 게 도다. 영원한 것이 도지, 죽으면 끝이다, 이렇게 되면 이건 도가 아니다. 죽음으로부터 시작하는 것, 이게 도라 이거죠.

무사無私 이성기사야而成其私也, 죽음으로부터 다시 또 시작해. 새로운 'ㅏ'가 또 생기는 거지. 이것이 종교시, 이런 것이 없으면 종교라고 할 수 없지요. 죽으면 그것이 죽는 걸로 끝나는 게 아니라, 무사無私가 끝이 아니라, 성기사成其私야. 성사成私가 또 시작된다. 죽음으로 또 다시 새로운 삶을 시작하는 거, 인생은 죽음으로부터라는 것, 그런 걸 우리가 알면, 요 사시四時 하나 돌아간다는 것만 알아도, 춘하추동만 영원한 것이 아니라, 인생 자체가 영원한 거다 하는 걸 알게 되지. 그래서 우리가 영원한 인생을 살아야지.

내가 늘 말하는 것처럼 사람은 살았을 때는 학생이고, 죽으면 선생이 된다. 장자에도 여러 번 나오잖아요. 죽으면 교사고, 살아서는 학생이고. 학생이 끝나서 졸업을 하면, 선생이 또 시작된다. 옛날엔 죽을 사死 그러지 않고, 졸업할 졸卒 자를 쓰거든. 아무개가 졸했다. 죽었다가 아니거든. 그러니까 인생이 끝나면, 새로운 인생이 또 시작된다. 사람은 영원한 거지, 일시적인 것은 아니다.

그런데 사람은 육체가 다인 줄로 생각하고, 요것만 자꾸 붙잡으려고 생각하고, 봄이면 봄이 다인 줄로 생각하고, 영원히 꽃이 안 떨어지겠다, 자꾸 이렇게 생각하니까 안 된다 이거지. 꽃은 떨어져야 하고, 그다음엔 또 잎사귀가 나와야지, 꽃만 계속 붙잡겠다고 그러면 조화造花가 되고 마는 거죠.

요거, 간단한 말 같아도 상당히 어려운 말이죠. 사실을 안다는 것, 사실을 안다는 말은 영원을 안다 이 소리거든. 영원을 아는 거지, 봄만 아는 게 아니다.

봉인지고요왈퇴이封人之告堯曰退己, 이건 서전에 나오는 말인데, 요임금이 어디를 갔다가, 거기 지키는 봉인을 만났다. 산을 지키는 사람, 봉인을 만났는데, 요임금이 봉인에게 어떻게 했으면 좋겠냐고 물었더니, 빨리 왕을 물러나고, 이제 또 다른 거 해야지요, 그렇게 충고를 했다 그래요.

인도 사람들은 옛날엔, 공부할 때는 공부하고, 살림할 때는 살림하고, 수양할 때는 또 수양하러 들어가. 그래 수양이 끝나면 또 세상에 가르치러 나온다. 일생을 네 단계로 나눈 거지요.

석가만 무슨 출가한 거 아니죠. 그 당시에 모든 사람들이 다 공부하고 살림하다가는 출가를 해요. 출가해서 도를 얻은 다음에는 다시 세상에 나와서 가르친다, 그걸 보통 걸식계乞食戒라 그러는데, 걸식이라는 건 밥을 얻어먹고, 그 집에 가서 가르치는 거죠. 밥만 얻어먹는 게 아니라, 가서 가르치는 거죠. 인도 사람들은 다 이거, 네 때를 지나도록 그렇게 돼있다, 그런 얘기에요.

그러니까 그만두고 이제는 또 다른 것을 해야 되지 않냐? 정치면 다인가? 철학도 해야 하고, 문화도 또 해야 되지 않느냐. 그래서 기법천지도지위호其法天之道之謂乎, 그렇게 사는 것이 춘하추동을 사는 거 아니겠는가, 그런 말이죠.

왕원택[3]의 주

한서상추 寒暑相推·물극즉반 物極則返.
음양대운 陰陽代運·천도고연 天道固然.
이세지우자 而世之愚者·일조기변 一遭其變·
일범기명 一犯其名·즉종신유지 則終身有之·
인이위기 認以爲己.

---
3. 왕원택(王元澤, 1044~76): 중국 북송의 정치가인 왕안석王安石의 아들, 이름은 방雱이다. 여혜경呂惠卿과 함께 『삼경신의三經新義』를 편수함.

증부지조화지밀이 曾不知造化之密移·
길흉지의복 吉凶之倚伏.
고종지어좌몽우환 故終至於坐蒙憂患.
구비무아지묘 苟非無我之妙·기 하이여어 차 其何以與於此.
천지도대의 天之道大矣.

한서상추寒暑相推, 겨울과 여름, 자연은 끝나면 또 시작해. 물극즉반物極則返이야. 음양대운陰陽代運, 음과 양이 서로서로 돌아가는 거야. 천도고연天道固然, 자연도 그러하니, 세상에 지혜로운 사람은 다 그렇게 생각하지.

이세지우자而世之愚者, 그러나 세상의 어리석은 사람은 그걸 그렇게 생각 안 한다. 일조기변一遭其變, 한 번 봄이 되고, 일범기명一犯其名, 한 번 무슨 감투를 쓰면 즉종신유지則終身有之, 놓지 않으려고 그런다. 계속 붙잡고 있으려고 한다.

이승만, 또 하려고, 또 하려고, 그러다가 4.19로 쫓겨나고 말았지. 박정희, 또 하려고 하다가 총 맞고 만다. 계속 그것만 하려고 그러니까, 나중엔 총알이 들어올 수밖에 길이 없다는 거지.

인이위기認以爲己, 계속 붙잡고 자기 거라, 봄은 이거 자기 거라, 계속 붙잡고 있지만, 실은 붙잡을 수가 없잖아요. 그러니까 죽고 마는 거지.

증부지조화지밀이曾不知造化之密移, 자연이 조금씩, 조금씩 변해가는 걸 밀이密移라 그러지요. 조금씩, 조금씩 변해가는 걸 모르고서 어리석게 그냥 붙잡고 있으면 어느 새 백발이 되어 죽어버리고 만다. 백발이 되기 전에, 죽기 전에, 미리 변해야 된다.

더구나 여자들 자꾸 화장만 하려고 그러지 말고, 속을 화장해야지. 그렇지 않아요? 껍데기 아무리 화장해 봤댔자, 늙으면 다 쪼그라드는 거지, 별 거 있어요. 늙기 전에 속을 화장해야지. 철학 공부를 하든지, 예술 공부를 하든지, 종교 공부를 하든지, 속을 자꾸자꾸 채워가야지, 껍데기만 그냥 붙잡고 늘어지려 그러면 안 된다. 사람은 껍데기만 있는 게 아니다. 몸만 있는 게 아니고 마음도 있고, 정신도 있고, 영혼도 있고, 얼마든지 속에 깊이 들어가는 거니까, 그 속을 계속 성숙시켜 나가야지, 껍데기만 그냥 붙잡고 있으면 안 된다. 자, 그런 걸 소위 밀이密移라 그래요.

길흉지의복吉凶之倚伏, 밤낮 우리에게 길吉만 있는 게 아니야. 길吉 밑에는 바로 흉凶이, 벌써 숨어 있어.

고故로, 그렇기 때문에 종지어좌몽우환終至於坐蒙憂患, 그걸 모르고 그냥 길吉인 줄만 알고 있으면, 결국 마지막에 그만 어리석게 되고, 걱정 근심거리가 되고 만다.

구비무아지묘苟非無我之妙, 무아無我의 묘라고, 기하이여어차其何以與於此, 변해가는 그걸 알아야지. 자꾸 변해가는 그걸 알아야 도하고 하나가 될 수 있지, 변해가는 걸 모르면 도하고 하나가 될 수 없다. 언제나 자꾸자꾸 변해야, 그것이 천지도대의天之道大矣야.

제10장

통일지란 하나가 되는 것이다.

정신과 육체가 하나가 되는 것이다.
무위와 유위가 하나가 되는 것이다.
무지와 지, 둘 다 가지는 것이다.
형이상과 형이하, 둘 다 아는 것이다.

통일지란 중中이 되는 것이다.

第十章 載營魄

載營魄・抱一能無離乎. 專氣致柔・能如嬰兒乎.
滌除玄覽・能無疵乎. 愛民治國・能無爲乎.
天門開闔・能無雌乎. 明白四達・能無知乎.
生之. 畜之. 生而不有. 爲而不恃. 長而不宰. 是謂玄德.

재영백 載營魄・포일능무리호 抱一能無離乎.

　　재영백載營魄, 재는 실을 재載 자. 영營은 정신이고, 백魄은 육체라는 거죠.[1] 정신과 육체, 정신에 육체를 실었는가? 육체에 정신을 실었는가? 이제 그 말은 나중에 또 나와요. 어느 편에 실었든지 간에 포일抱一, 정신과 육체는 하나가 돼야 된다. 건강한 정신에 건강한 육체가 돼야지, 육체가 약해도 안 되고, 정신이 약해도 안 돼. 이건 언제나 포일抱一이야. 이건 언제나 하나가 돼야 돼. 능무리호能無離乎, 이게 절대 분열이 되면 안 돼.

---

1. 〈제11강 2005년 4월 10일〉

정신과 육체가 하나가 되지 못하고 분열이 되면 그걸 우리가 보통 정신분열이라 그러죠. 언제나 건강한 정신에 건강한 육체, 그것이 절대라 이거지요. 능무리호能無離乎, 그것이 절대 분열되면 안 된다.

전기치유專氣致柔·능여영아호能如嬰兒乎.

전기치유專氣致柔, 기운이 몸에 꽉 차야 돼. 그리고 몸이 뻣뻣해지면 안 돼. 부드러워져야 돼. 기운이 꽉 차고 부드러워져야 돼. 그래야 능여영아호能如嬰兒乎, 어린애 같이 된다. 이것이 어린애의 특징이지요.

어린애는 하루 종일 울어도 아무치도 않아. 왜? 기운이 꽉 차 있으니까. 어른이 한 시간 울어 봐요, 죽지요. 십 분도 울기 어려워요. 운다는 게 쉬운 일이 아니에요. 아이들은, 우는 게 그저 장난이야. 하루 종일 엉엉엉 하는 거야. 왜 그런가? 기운이 꽉 차서 그래요. 언제나 부드러워야 돼. 기운은 꽉 찼는데 부드러워야, 그래야 진짜 건강이야. 능여영아호能如嬰兒乎, 그것이 진짜 건강이야. 건강한 육체를 또 한 번 되풀이 말하는 거죠.

척제현람滌除玄覽·능무자호能無疵乎.

척제현람滌除玄覽, 현람玄覽이란 거울이라. 거울에는 척제滌除, 먼지가 묻으면 안 돼. 먼지가 묻으면 거울이 될 게 없지. 능무자호能無疵乎, 거울에는 흠집, 흠집 자疵 자니까, 흠집이 없어야 돼. 흠집이 하나도 없어야 똑바로 보이지, 흠집이 있으면 똑바로 보이겠어요? 건강한 정신을 비유한 거지. 건강한 정신이 어떤 건가? 거울 같아야 된다. 건강한 육체는 어떤 건가? 어린 애 같아야 된다.

척제현람滌除玄覽이야. 내 마음을 깨끗이 해야 돼. 내 마음을 깨끗이 해서 조금도 흠집이 없어야 그것이 건강한 정신이야. 그것을 깨닫는다 그래. 깨닫는다는 건 뭔가? 마음에 일체 번뇌가 없어야 돼. 마음에 걱정 근심이 없어야 돼. 그런 것 다 없이 정신이 깨끗해져야, 흠집이 없다는 거지. 그것이 깨닫는 거야. 그것이 정신이야.

육체는 전기치유專氣致柔가 돼야 하고, 정신은 척제현람滌除玄覽이 돼야 해. 정신을 거울로 비유하는 거지요.

애민치국愛民治國·능무위호能無爲乎.

애민치국愛民治國, 어떻게 하면 나라가 잘 다스려지나? 능무위호能無爲乎, 더할 게 없으리만큼 다스려야 잘 다스리는 거지. 더할 게 없다, 그렇게 해석해도 되고, 어머니가 돼야 잘 다스려지는 거지, 그렇게 해도 되고, 다 같은 거예요. 어머니가 된다는 말은 더할 나위가 없다는 거니까. 어머니를 따를 자가 어디 있겠어요. 능무위호, 더할 나위 없이 돼야 한다. 어머니 그러면 집안이 정말 깨끗해. 더할 나위가 없어. 능무위호, 더할 나위가 없어야 된다.

천문개합天門開闔·능무자호能無雌乎.

천문개합天門開闔, 하늘 문이 열리고 닫힌다 하는 건, 아침이 되면 하늘 문이 열리고, 저녁이 되면 하늘 문이 닫혀. 그런데 능무자호能無雌乎, 저녁 문이 닫히는데도 자려고 하지 않고, 아침 문이 열렸는데도 깨려고 하지 않고, 그러면 안 돼. 아침 문이 열렸으면 탁 깨야지. 저녁 문이 닫혔으면 탁 자야지. 탁 깨야 되고, 탁 자야 된다는 건 뭔가? 힘이 있어야 돼. 자雌 자는 암컷 자雌 자. 여기서는 암컷이 되면 안 되고 수컷이 돼야 한다고 해석해야 돼요. 수컷이 된다는 건 뭔가? 힘이 있어야 된다. 세상에 힘없는 사람이 참 많잖아요. 담배 먹으면 폐암 걸린다, 그렇게 말해도 못 끊는 사람이 얼마나 많아요. 왜 못 끊나? 힘이 없으니까. 힘이라는 게 얼마나 중요한지 몰라요.

천문개합天門開闔 능무자호能無雌乎, 절에 들어갈 때 대문에 보면 힘 있는 사람들이 딱 서 있잖아요. 문을 닫을 때는 딱 닫고, 열 때는 딱 열고 그거 소위 사천왕이라 그래서 힘이 세요. 그러니까 능무자호다.

명백사달明白四達·능무지호能無知乎.

　명백사달明白四達, 정말 명백사달이지. 꿰뚫어 보고, 꿰뚫고 갈 수 있는 사람, 능무지호能無知乎, 능히 무無를 알아야 돼. 무를 알아야 된다는 건 기독교로 말하면 하나님을 알아야 된다. 하나님을 알아야 꿰뚫어 볼 수 있고, 하나님을 알아야 천국까지 갈 수가 있어. 그렇잖아요? 하나님을 알아야 꿰뚫어 볼 수 있고, 세상의 이치를 꿰뚫어 볼 수 있어요. 세상의 이치를 꿰뚫어 볼 수 있다는 것이 아까 말한 진리라는 거지요. 그리고 천국까지 가야, 천국까지 가야 된다는 게 아까 생명이라는 거지. 견성지명이나 같은 말이지요. 진리를 깨닫고 생명을 얻어야 한다.
　아까 난 그냥 자기의 사명을 다해야 된다 그랬는데, 더 극단적으로 말하면 생명을 얻어야지. 생명을 얻어야 된다는 말은 하늘나라에까지 가야지. 그걸 소위 명백사달明白四達이라 그런다. 진리를 깨닫고 명백明白이지. 사달四達, 하늘나라에까지 도달해야 그걸 지知라 그런다. 지인데 어떤 지인가? 그걸 통일지라. 분별지가 아니고 통일지야. 그 통일지를 우리가 무지無知라 그런다. 통일지라 그래도 좋고. 무를 하나님이라 그래. 하나님을 알아야 된다.

> 생지生之. 축지畜之.
> 생이불유生而不有. 위이불시爲而不恃.
> 장이부재長而不宰. 시위현덕是謂玄德.

생지生之 축지畜之, 내가 낳고, 내가 기르지만 생이불유生而不有, 내 것이라, 내 아들이라 그러면 안 된다. 이거 누구의 아들인가? 하나님의 아들이라 그래야 된다. 내가 키우고도 위이불시爲而不恃, 내가 길렀다 자랑하면 안 된다. 그건 하나님이 길렀다 이렇게 생각해야 된다.

장이부재長而不宰, 내가 어른이라 그래서 내 아이를 지배하려 하면 안 된다. 왜? 하나님의 아들이니까, 내가 지배할 수 없다. 시위현덕是謂玄德, 이렇게 돼야 이게 하나님을 믿는 사람의 도리라. 현玄은 하늘이란 말이고, 덕德은 도리란 말이지. 이것이 믿는 사람의 도리다. 이것이 하나님 아들들의 도리라. 도리라기보다 더 쉬운 말은 없는 것 같네요. 하나님 아들들의 도리라.

권재구의[2]

營. 魂也. 神也. 魄. 精也. 氣也. 此三字. 老子之深意. 載. 猶車載物也. 安一載字在上. 而置營魄二字於下. 如謎語然. 魄以載營. 則爲衆人. 營以載魄. 則爲聖人. 合而言之. 則營魄爲一. 離而言之. 則魂魄爲二. 抱者. 合也. 其意蓋曰能合而一之使無離乎. 將離而二之乎. 故曰抱一能無離乎. 此六字. 意亦甚隱. 正要人自叅自悟也. 嬰兒. 未有聞見則其氣專. 致者. 極也. 柔者. 順也. 能如嬰兒專氣致柔. 則能抱一矣. 故曰. 能如嬰兒乎. 此老子設問之語也. 蓋曰人能如此乎. 此下數句皆然. 蕩滌瑕垢而觀覽玄冥. 則必有分別之心. 無疵者. 無分別也. 雖蕩滌瑕垢. 而有不垢不淨之心. 則能抱一矣. 有愛民治國之功. 而有無爲而爲之心. 則能抱一矣. 陰陽闔闢. 有雌雄交感之理. 而無雌雄交感之心. 則能抱一矣. 天門. 即天地間自然之理也. 此亦借造物以爲喩. 緣此等語. 遂流入修養家. 或有因是而爲邪說者. 誤世多矣. 明白四達. 無所不通也. 而以無知爲知則抱一矣. 生之畜之. 言造化之間. 生養萬物也. 造物何嘗視之以爲有. 何嘗恃之以爲能. 雖爲萬物之長. 而何嘗有宰制萬物之心. 如此而後謂之玄妙之德. 此章之意大抵主於無爲而爲. 自然而然. 無爲自然則其心常虛. 故以神載魄. 而不以魄載神. 此聖人之事. 以魄載神則著迹矣. 老子一書. 大抵只是能實而虛. 能有而無. 則爲至道. 縱說橫說. 不過此理.

---

2. 〈제12강 2005년 4월 17일〉

영營. 혼야魂也. 신야神也.
백魄. 정야精也. 기야氣也.
차삼자此三字. 노자지심의老子之深意.

영營이란 뭔가 그러면 혼魂이라. 신神이라. 영이란 정신이다. 백魄이란 정야精也 기야氣也, 육체요 기운이다. 그러니까 영은 정신이고, 백은 육체다, 그렇게 해석하는 사람도 있고, 영은 사상이고, 철학이고, 백은 과학이고 혹은 지식이고 지각이고. 여러 가지로 해석하는데, 하여튼 영이라는 건 형이상이고, 백이라는 건 형이하고. 어떻게 해석하든지, 그 둘은 다르다.

차삼자此三字, 재영백載營魄이라고 하는 이 석 자는 노자지심의老子之深意, 노자의 특별한 깊은 뜻을 내포하고 있다.

재載. 유차재물야猶車載物也.
안일재자재상安一載字在上.
이치영백이자어하而置營魄二字於下.
여미어연如謎語然.

재載는 유차재물猶車載物이야. 자동차에 짐을 싣는 거나 같은 거다. 실을 재載 자니까.

안安, 어찌 안安 자, 편안 안安 자. 어찌 일재一載, 하나의 재 자를 재상在上, 위에다 놓고, 이치영백而置營魄, 영백이라는

통일지란 하나가 되는 것이다 199

두 자를 아래에 놨나. 재재 자는 위에 놓고, 영백이라는 두 자는 아래에 놨어. 여미어연如謎語然, 마치 수수께끼 같다.

백이재영魄以載營. 즉위중인則爲衆人.
영이재백營以載魄. 즉위성인則爲聖人.
합이언지合而言之. 즉영백위일則營魄爲一.
이이언지離而言之. 즉혼백위이則魂魄爲二.

백이재영魄以載營, 육체가 정신을 지배하면, 육체가 정신을 타면 즉위중인則爲衆人, 그건 그냥 보통 사람이 되고 말아. 보통 사람은 육체한테 끌려 다닌다는 거죠.
영이재백營以載魄, 정신이 육체를 지배하면 즉위성인則爲聖人, 그 사람이 성인이야. 그 사람이 똑똑한 사람이야.
합이언지合而言之, 합해서 말하면 즉영백위일則營魄爲一, 정신이 육체를 지배해야 돼. 정신이 육체를 지배해서 하나가 돼야 해. 이이언지離而言之, 하나가 못 되고 떨어져 있으면 즉혼백위이則魂魄爲二, 정신과 육체가 둘이 된다.

포자抱者. 합야合也.
기의개왈능합이일지사무리호其意蓋曰能合而一之使無離乎.
장리이이지호將離而二之乎.
고왈포일능무리호故曰抱一能無離乎.

포抱는 합合한다는 말이다. 기의其意, 그 뜻은, 개왈盖曰, 말해보면 능합이일지能合而一之, 합해서 하나가 되어서, 사무리호使無離乎, 절대 그것이 떠나지 않게 돼야 한다. 장리이이지호將離而二之乎, 떠나면 그건 둘이 된다라는 것이다.

고왈故曰, 그렇기 때문에 포일抱一, 절대 하나가 돼서 능무리호能無離乎, 떠나지 않아야 된다. 떠나지 않아야 된다는 걸 강조하는 거지요.

차육자此六字. 의역심은意亦甚隱.
정요인자참자오야正要人自叅自悟也.

그런데 차육자此六字, 하나가 된다고 하는 것은 의역심은意亦甚隱, 그 뜻이 상당히 깊어. 하나가 된다는 게 보통 어려운 일이 아니야. 정요인자참正要人自叅, 사람이 자참自叅, 많은 노력을 해야 돼. 많은 수양을 해야 돼. 자오自悟, 그렇게 해야 종래 깨닫게 된다. 깨닫게 돼야 완전히 하나가 된다.

깨닫는다는 말은 여기서는 절대자를 만난다는 건데, 절대자를 만나야 하나가 되지, 절대자를 못 만나면 하나가 안 된다는 거죠. 이건 보통 어려운 일이 아니다. 그래 공자 그러면, 공자가 하나를 만드는 데, 10년 걸렸다는 거죠. 석가가 하나를 만드는 데 6년 걸렸다는 거죠. 그렇잖아요? 고행 6년이거든.

하나를 만든다는 거, 쉽지 않은 거다. 이거 정말 어렵죠. 보통 사람은 하나를 만드는 데 한 12년 걸려요. 그렇지 않으면 하나가 안 되죠. 아까도 그랬지만 과학하고 나하고 하나가 되는 데 아무리 적게 잡아도 3년은 걸린다. 철학하고 나하고 하나가 되는 데 아무리 적게 잡아도 6년은 걸린다. 종교의 세계는 아무리 적게 잡아도 12년은 걸린다. 예술의 세계는 아무리 적게 잡아도 24년은 걸린다. 이 하나 되는 게 쉬운 일이 아니거든.

피아노 치는 사람들, 30년 쳐야 되지, 30년 안 치면 안 된다는 거죠. 공부하는 사람들, 30년 공부해야 되지, 30년 공부 안 하면 안 된다. 영문학 그러면 영문학 30년 해야 되지, 30년 안 하면 안 돼. 쉬운 게 아니다. 보통 일이 아니라는 거지요. 이거 하나로 만든다는 얘기에요.

인심유위 人心惟危 도심유미 道心惟微
유정유일 惟精惟一 윤집궐중 允執厥中.[3]

그러니까 육체와 정신을 하나로 만든다는 것, 이거 보통 어려운 게 아니에요. 요임금이 순임금한테 전해줬다는 게 이거거든. 육체와 정신을 하나로 만든다. 이제도 그랬지만 예술과 나를 하나로 만든다. 예술과 나를 하나로 만드는 것이 한 30년 해야 하나가 되지, 아니면 하나가 되질 않거든요.

---
3. 『서전書傳』, 〈대우모大禹謨〉, p. 43. 판서한 것임

피아노를 한 30년 쳐야 그래도 피아노하고 나하고 하나가 되지, 30년 치지 않으면 안 돼요. 자동차 운전하는 것도 한 10년 해야 그래도 자신이 생기지, 10년 안 하면 이거 안 되죠. 한 3년 정도 해가지고 고속도로에 나갔다가는 결단 나죠. 뭐든지 하나가 된다는 거. 자동차가 결국 내 몸이 된다는 거. 자동차가 내 몸이 돼야 마음 놓고 내가 탈 수 있지, 자동차가 내 몸이 안 되고 서툴면, 난 맨 처음 자동차 운전 배울 때 제주도 가서 배웠는데, 이젠 됐다 그러고 타고 가는데 파출소 앞에 경찰이 하나 나와 있더라고. 경찰을 보니까 그만 어떻게 돼서 운전대가 말을 듣지 않아요. 파출소로 그냥 기어 들어갔어. 내가 운전하고 맨 처음에 파출소로 기어 들어갔어. 이게 마음대로 되려면 정말 10년은 해야지, 거저는 안 된다. 자, 그 소리에요.

인심유위人心惟危 도심유미道心惟微 유정유일惟精惟一 윤집궐중允執厥中, 이걸 16자라 그러는데 쉽게 말하면 하나 된다는 게 그렇게 어렵다는 거죠. 돈 모으는 것도 굉장히 어려울 거야. 아마 정주영 같은 사람은 길바닥에 돈이 벌벌 기어 댕길 거야. 그래서 주워 담으면 되지만, 우린 아무리 봐도 돈이라곤 보이질 않아. 인심유위 도심유미 유정유일 윤집궐중, 이렇게 소위 하나가 되는 걸 중中이라 그러죠. 중도, 중용, 이게 하나라는 말이거든.

공자도 과학하는 데 10년, 철학하는 데 또 10년, 예술하는 데 또 10년, 공자는 다 10년, 10년, 이렇게 잡았어요. 그래서 30에 입하고, 40에 불혹하고, 50에 지천명하고, 60에 이순하고 70에 불유구하고. 뭐든지 10년 해야 뭐가 되지, 그렇지 않으면 안 된다는 거지. 자동차 운전도 쉬운 게 아니라 한 10년 해야지, 그렇지 않으면 자꾸 파출소로 기어들어간다. 그래 뭐든지, 이런 걸 소위 자동차가 뭐가 되나? 내 몸이 되고 말았다 이거지. 내 몸이 되게 돼야지, 그렇지 않으면 나하고 자동차하고 그냥 둘이 있으면 이게 밤낮 사고뭉치라. 자, 이런 거, 이런 걸 소위 중국 사람들은 중中이라 이렇게 말하고, 노자는 일一이라 이렇게 말하는데, 일이나 중이나 다 같은 말이죠. 하나로 된다, 그래야 내 것이 된다는 거지.

자참自叅, 오래 노력을 하고, 그래서 자오自悟, 완전히 내 것이 됐어. 깨달았다고 하는 건 뭐야? 내 것이 됐다 이거지요. 철학이 내 것이 됐어. 과학이 내 것이 됐어. 그렇게 돼야지요. 아직도 남의 것이 돼있으면, 남의 것이 됐다는 건 뭐야? 깨닫지 못하면, 그건 내 것이 아니다 이거죠.

요 한 일一 자 한마디가 굉장히 중요한 거죠. 여기 의역심은 意亦甚隱 그랬죠. 그 뜻이 굉장히 깊다. 이거 하나라고 하는 게 거저 되는 게 아니야. 몇 십 년, 어떤 때는 몇 백 년, 몇 천 년 그렇게 가야 되는 거지, 쉽게 되는 건 아니다.

우리 화엄경 배울 때도 석가가 부처가 되는데 단순히 35년 공부해서 된 게 아니야. 석가 되기 전에, 낳기 전에 벌써 몇 억 년을, 그 땐 8억 년이라 그랬나? 8억 년 동안 고생하고 고생해서 석가가 된 거지, 그렇게 쉽게 석가가 된 게 아니다.

예수가 나왔다 그러면 서른 살 공부해가지고 나온 게 아니야. 유태 역사 6천 년이 지나서 예수가 나오는 거야. 하나의 음악가가 나오는 게 그저 그 사람의 일생이 아니야. 아버지도 음악가고, 할아버지도 음악가고, 또 음악가고. 헨델 같은 사람은 10대가 음악가야. 10대가 음악가 돼가지고 헨델이 되는 거야. 그래 뭐고 그렇게 쉬운 게 아니에요. 그러니까 사람에게는 반드시 역사라는 게 필요하다.

나 그러면, 불교에서는 전생, 전생, 그러는 것이 일대에 되는 게 아니다. 수십 대가 돼서 되는 거다. 서양 사람들, 요새 뭐 만들고, 만들고 거저 한 해, 이태에 되는 게 아니죠. 몇 백 년 기술을 쌓아서 그것이 되는 거지, 그렇게 쉽게 되는 게 아니다. 우리는 뭐든지 간단히 쉽게 되는 것 같은데 그게 그렇지 않아요. 이것이 아주 중요해요. 그 의미가 상당히 깊다.

그래서 자참自叅, 몇 십 년을 노력해야 자오自悟, 내 것이 된다.

영아嬰兒. 미유문견즉기기전 未有聞見則其氣專.
치자致者. 극야極也. 유자柔者. 순야順也.
능여영아전기치유能如嬰兒專氣致柔.
즉능포일의 則能抱一矣.

영아嬰兒 미유문견즉기기전未有聞見則其氣專, 어린애들은 듣지도 못하고 잘 보지도 못하고 그러지만 그 기운은 꽉 찼어. 치자致者. 치라는 말은 극極, 꽉 찼단 말이라. 유자柔者는 순하단 말이라. 능여영아전기치유能如嬰兒專氣致柔, 어른이 전기치유專氣致柔가 되려면, 어린애처럼 기운이 꽉 차고 몸이 부드러워지려면 그것도 쉬운 게 아니야. 운동도 많이 해야 되고, 체조도 많이 해야 그렇게 되지, 쉽게 그렇게 되는 게 아니야. 대개 보면 체조 같은 거, 몇 십 년 하는 사람, 요전에 텔레비전 보니까 굉장히 기운이 센 사람이 있는데, 몇 십 년 했다 그래요. 무엇이든 시간이 걸리는 거지, 하루 이틀에 된다고 생각하면 안 돼요. 애긴 그거예요. 그래서 포일抱一, 자기 거가 돼야 한다.

고왈故曰. 능여영아호能如嬰兒乎.
차노자설문지어야此老子設問之語也.
개왈인능여차호蓋曰人能如此乎.
차하수구개연此下數句皆然.
탕척하구이관람현명蕩滌瑕垢而觀覽玄冥.

고왈故曰, 그렇기 때문에 능여영아호能如嬰兒乎, 능히 어린 애같이 될 수 있겠는가? 될 수 있겠는가 대답해봐라. 몇 십 년 해야 되지, 거저 네, 그럴 순 없다.

차노자설문지어야此老子設問之語也, 이건 노자가 우리 모든 인생에 하나의 질문을 던지는 거야. 네가 그거 되겠는가? 너 영어 10년 해가지고 되겠는가? 안 되지. 한 30년 해야지. 10년 해가지고 어떻게 됩니까? 그래 설문지어設問之語라. 개왈蓋曰 인능여차호人能如此乎, 사람이 능히 이렇게 될 수 있겠는가?

차하수구개연此下數句皆然, 이 아래 몇 구句도 다 마찬가지로 하나의 질문이야. 탕척하구蕩滌瑕垢, 탕척蕩滌이라는 거는 깨끗하게 씻어버리는 거지. 하구瑕垢, 때와 흠을 자꾸 씻는 거지. 관람현명觀覽玄冥이라는 건 깊은 학문을 계속 공부하는 거지. 하나는 씻는 얘기고, 하나는 공부하는 얘기고.

즉필유분별지심則必有分別之心.

그런데 필유분별必有分別, 씻는 걸 너무 씻으면 나중엔 그만 결벽증이 걸리고 말아. 그래서 어떤 사람은 하루에 손 스무 번 씻는 사람이 있어요. 그거 하나의 결벽증이지. 그렇게 되면 나중엔 남의 집 가서 밥도 못 먹어. 남의 집에 들어가서 앉지도 못해.

우리 이화대학 선생 하나는 교수회의 한다고 설악산이고 어디고 가면, 거기 호텔 가서 밥을 못 먹어요, 결벽증이 걸려서. 그래서 자기 집에서 밥 해가지고 가요. 밥 해가지고 가서 먹어. 너무 그렇게 돼도 안 된다 이거지. 바닥에 떨어진 밥알을 주워 먹을 수도 있고 웬만큼 쉰 거는 먹기도 하고, 과일 좀 썩어도 먹고, 이런 정도가 돼야지, 너무 깨끗해서 조금 먹다 남은 것도 내버리고, 내버리고, 이렇게 되면 안 된다는 거죠. 그러니까 너무 지나치게 되면 그거 분별심分別心이라는, 너무 지나치게 되면 안 된다.

학문도 또 너무 지나치게 되면 미치고 만다. 너무 지나치면 좋지 않아요. 깨끗한 거보다 더 중요한 건 뭔가 그러면, 건강한 게 더 중요해요. 우리나라 말에, 요새 할머니 깨끗하시냐? 할머니, 할아버지 깨끗하시냐 하는 말은, 손 씻었냐 그 소리가 아니라, 건강하신가, 이거거든. 건강해서 웬만한 거 집어 먹게 돼야지, 거 뭐 자꾸 가르고 가르고 그러면, 나중엔 결벽증에 걸려가지고 그만 병신이 되고 말아요. 너무 깨끗이 하는 것도 좋지 않다. 그렇지요? 하여튼 그렇게 해서 사람이라는 게 좀 깨끗한 것도 있고 더러운 것도 있고 그래야지, 너무 깨끗이 그러면 안 된다.

더구나 이 아는 것도 중요하지만, 모르는 것이 얼마나 또 중요한지 모르죠. 불교에서는 언제나 무지가 유지보다 높다는 거지. 그렇지 않아요? 유식보다 무식이 더 높다. 그래서 무식 유식 그러지, 유식 무식 그러지 않는다. 언제나 이 무지가 유지보다 더 높다. 그걸 알아야 된다.

모름지기, 그런 말이 있잖아요? 모름을 지켜야 된다 그거지. 모름을 지켜야 돼. 모름을 지키지 않으면 그건 종교가 없어지고 말지요. 종교라는 건 모름을 지키는 게 종교 아니겠어요?

믿음이라는 게 뭐에요? 모름을 지키는 거지. 그러니까 이 유식보다도, 무식이 더 소중한 걸 알아야지. 일체를 다 알려고 달려 붙으면 그건 정신병자지. 칸트도 순수이성비판을 왜 썼나. 모름지기를 하려고 순수이성비판을 썼다, 그렇게 말하잖아요. 모름이 아는 것보다 더 중요해.

무자자無疵者. 무분별야無分別也.
수탕척하구雖蕩滌瑕垢.
이유불구부정지심而有不垢不淨之心.
즉능포일의則能抱一矣.

무자자無疵者, 무자無疵라는 건, 그런 분별지가 지나가는 게 없어야 돼. 무분별無分別이 돼야 돼. 탕척하구蕩滌瑕垢, 너무 깨끗이 하지 말고, 불구부정不垢不淨이야. 웬만큼 깨끗하고 웬만큼 더러워야 돼. 둘 다 있어야 된다.

아는 것도 웬만큼 알고 웬만큼 몰라야지. 둘 다 있어야지.

이 둘 다 있어야지 하는 건 둘을 초월해라 그 소리죠. 일도一道 출생사出生死, 이렇게 되거든. 이거 하나에 붙잡히면 그만 초월을 못하고 만다. 미치고 마는 게 이게 초월을 못 하는 거지. 둘을 다 붙잡아야 초월을 하게 된다. 일도 출생사라 그래야 일체무애인一切無碍人이 되는 거지.
즉능포일의則能抱一矣, 그렇게 초월해야 그걸 우리가 하나라 그런다. 그걸 일도라 그러는 거야. 초월해야 일도가 되는 거야.

유애민치국지공有愛民治國之功.
이유무위이위지심而有無爲而爲之心.
즉능포일의則能抱一矣.

유애민치국지공有愛民治國之功, 나라를 사랑하고 백성을 사랑한다는 것도, 언제나 무위하고 유위하고 이게 하나가 돼야 해. 무위無爲 무불위無不爲, 없을 무 자, 아니 불 자를 그 속에 집어넣어야 무위무불위, 요렇게 되거든. 아무것도 하는 게 없는 것 같아도, 하지 않는 것이 없어.
요새 독일의 나무 가꾸는 이야기가 나오는데, 정말 하지 않는 것이 없어, 그 사람들은. 나무의 종류부터, 뭐든지 세밀하게 하지. 우리처럼 나무 하나 심어놓고 내버려두고, 산에 가서 불놓지 말라 그래도 또 놔. 요전에 그렇게 불붙는 것 보고도 이번에 또 불 놓더라고. 아니, 산에 가서 제사를 지내다 얼마나 불을 놓는지 몰라요. 산에 가서 절하고 오지, 뭘 하느라고 불을 놓지요? 이번에도 고성에서 제사 지내다가 불났다 그러는데, 하여튼 그걸 보고도 또 못하고, 못하고, 이거 정말 우리가 언제나 제대로 산불 없이 살지 모르겠어요.

자, 유무위이위지심有無爲而爲之心, 아주 절대 산불은 안 놓는 백성이 돼야 그것이 애민치국愛民治國이지, 그 산불 놓으면 애민치국이 안 되지요. 능포일의能抱一矣, 언제나 온 국민이 한 맘이 돼서 나라를 사랑해야 된다.

음양합벽 陰陽闔闢.
유자웅교감지리 有雌雄交感之理.
이무자웅교감지심 而無雌雄交感之心.
즉능포일의 則能抱一矣.

음양합벽陰陽闔闢, 합闔은 합할 합闔 자지요. 문을 합한다, 문을 닫는다. 벽闢 자는 열 벽闢, 문을 연다.

본래는 이게 천문개합天門開闔인데, 여기는 지금 음양개합, 이렇게 이 사람은 해석하는 거죠.

유자웅교감지리有雌雄交感之理, 이것은 남녀관계를 말해요. 무자웅교감지심無雌雄交感之心, 남녀관계를 끊어버려야 즉능포일의則能抱一矣, 절대자를 만날 수가 있다. 혹은 진리를 깨달을 수가 있다.

통일지란 하나가 되는 것이다 211

옛날엔 남녀관계를 끊은 사람들이 참 많았어요. 칸트도 독신이지, 데카르트도 독신이지, 스피노자도 독신이지, 라이프니츠도 독신이지, 다 독신이에요. 종교 계통이야 말할 것도 없지. 예수도 독신이고, 바울도 독신이고, 맨 독신이지요. 그러니까 이 철학이니 종교니 할 때는 남녀관계가 있으면 안 돼요. 남녀관계를 끊어야지. 간디는 몇 살에 남녀관계를 끊었는가. 38세. 38세에 남녀관계를 끊은 거야. 그걸 보통 해혼식이라 그러지. 자기의 아내를 자기의 누나처럼 생각하지, 자기 아내로 생각하지 않는다.

이 남녀관계에 빠져있는 동안은 진리하곤 상관없는 거지. 남녀관계를 넘어서야 진리를 깨달을 수가 있지. 어제도 보니까 아인슈타인도 몇 살인지 모르지만 이혼했다 그래요. 아인슈타인이 이혼했겠어요? 여자가 도망쳤겠지. 여자가 도망치지 않으면 아인슈타인이 안 되지요. 아인슈타인 같은 사람은 몰두하는 사람이니까, 여자가 자꾸 옆에 와서 그러면 몰두가 안 되지요. 언제나 남녀관계를 초월하지 않으면 진리하곤 상관이 없다는 거. 진리를 깨닫기 위해서는 언제나 남녀관계를 초월해야 된다는 거죠.

그런데 짝짓기하고는 다르죠. 짝짓기는 진리지. 그러나 남녀관계는 죄악이지. 무슨 말인지 알죠? 짝짓기는 생식을 위해서 짝짓는 거지. 남녀관계는 생식을 위하지 않고 만나는 것이 남녀관계라는 거지. 생식을 위하지 않고 만나면 그냥 손해나는 거지. 그냥 사람을 잡는 거지. 남녀관계를 옛날 사람들은 등골 빼 먹는다, 그렇게 말했어요. 남자를 사랑하는 게 아니야. 남자의 등골을 빼 먹는 거지.

그래서 학문도 할 수 없게 되고, 예술도 못하게 되고, 아무 것도 못하게 되고 만다. 그러니까 파고다 공원에나 가서 앉아 있어야지, 할 게 없는 거지.

이 남녀관계를 없이하라는 것이, 짝짓기를 없이하라는 게 아니지. 모든 동물들은 남녀관계라는 게 없는 거야. 짝짓기뿐이지. 그것이 진리지. 그것이 자연이죠.

그런데 사람은 이 남녀관계에 그만 빠져가지고, 로마가 왜 망하나? 남녀관계로 망하는 거죠. 소돔, 고모라가 왜 망하나? 남녀관계 때문에 망하는 거죠. 옛날 몽고가 왜 망했나? 남녀관계 때문에 망한 거죠. 이 남녀관계라는 건 죄악 중의 죄악이죠.

기독교가 가장 주장하는 게 뭔가? 남녀관계가 죄악 중의 죄악이라는 거지. 아담, 하와 얘기가 그거 아니에요? 남녀관계가 죄악 중의 죄악이라. 죄악의 근본이라. 이 남녀관계와 짝짓기는 다르다는 거. 짝짓기는 진리지만 남녀관계는 죄악이라는 거, 그걸 알 때, 진리를 깨닫는 거지요. 그걸 모르면 진리하곤 상관이 없는 거지요.

자, 그래서 여기 이 사람이 또 그렇게 해석하는 거예요. 이렇게 해석해도 좋은 거죠. 무자웅교감지심無雌雄交感之心, 남녀관계를 초월했을 때, 즉능포일의則能抱一矣, 그때만이 절대자를 만나게 되는 거다.

천문天門. 즉천지간자연지리야卽天地間自然之理也.
차역차조물이위유此亦借造物以爲喩.

천문天門은 즉천지간자연지리야卽天地間自然之理也, 진리를 말하는 거다. 우리가 진리에 들어가려면 결국은 남녀관계를 초월해야 된다. 차역차조물이위유此亦借造物以爲喩, 이것은 여기서 자연을 빌려서 말하는 거다. 자연이라는 건 뭔가? 남녀관계가 없다. 거기에는 짝짓기 밖에는 없는 거지. 그래 자연을 빌려서 남녀관계를 말하는 거다.

연차등어緣此等語. 수류입수양가遂流入修養家.

연차등어緣此等語, 이런 말들은 수류입수양가遂流入修養家, 소위 종교 가운데 이런 게 많이 들어가요. 그래서 남녀관계, 그거 아주 좋은 거다, 이런 얘기하는 데가 참 많거든. 그래가지고 나오는 게 소위 사이비 종교 집단의 교주야. 미국에 가도 그런 사교 집단이 있어요. 남녀관계가 좋다 이러고 나오는 거야. 그런 게 참 많아. 사교라는 게 다 그거지. 백백교라는 것도 다 그 거고. 남녀관계가 좋다 그러면, 다 사교예요.

 기독교의 본질은 뭔가? 남녀관계를 초월해야 된다. 이게 기독교의 본질이야. 왜? 남녀관계가 죄악의 시작이거든. 이런 것을 가르치는 데가 교회인데, 이런 말하는 교회가 없어요. 그러니까 야단이지요.

혹유인시이위사설자或有因是而爲邪說者.
오세다의 誤世多矣.

 혹유인시이위사설자或有因是而爲邪說者, 이렇게 남녀관계를 미화하는 거지. 남녀관계를 미화한 것이 소위 라마교라는 거지. 라마승이라는 게 그거 아니에요? 내가 늘 말하는 옛날 몽고가 왜 망했나? 라마승 때문에 망했다. 라마교 그건 뭔가 그러면, 결혼하고 첫날밤은 중하고 자야 된다 이거지. 이것이 라마교라는 거지. 그렇게 해야 복을 받지, 그렇지 않으면 복을 못 받는다. 그래서 첫날밤은 중이 가지고 있는 거야. 그래서 누구나 다 첫날밤은 중하고 같이 자야 돼. 그런데 같이 자면 뭐 중의 아이 하나 더 낳겠지만, 그게 문제가 아니라 중들이 전부 성병 환자거든. 성병이 전체로 퍼져 나간다. 요새 에이즈 퍼져 나가듯이 그렇게 퍼져 나간다. 그러니까 몽고는 그만 성병 때문에 없어지고 만다. 자, 그런 걸 우리가 알아야 돼요.

왜 남녀관계가 문젠가 그러면, 남녀관계 있는 데는 반드시 성병이 돌아간다. 짝 짓기에는 성병이 없다. 그런데 남녀관계는 성병이 있다. 아프리카 같은데 에이즈가 천만인가 그렇다 그러잖아요. 이 남녀관계 있는 데는 성병이 자꾸 유행해. 그래서 로마도 망하게 되고 소돔 고모라도 망하게 된다.

그런데 이 남녀관계를 가지고 돈 벌이하는 놈들이 참 많다. 그 사교집단이 어떻게 그렇게 큰 부자가 됐나? 이건 남녀관계 때문에 부자가 됐다. 그들의 특징이 뭐냐? 결혼시켜주는 거다. 조금 어수룩한 남자하고 조금 똑똑한 여자하고 결혼시켜줘. 그 돈 버는 방법이에요. 요새도 그렇게 하는지 모르겠어요. 한 때는 그렇게 했는데. 그래서 여자가 버는 돈은 다 바쳐야 돼. 남자가 버는 돈은 써도 좋아. 또 7년이 지나가면 그다음엔 남자가 버는 돈은 다 바쳐야 돼. 여자가 버는 돈은 생활하고. 이건 십일조 정도가 아니지 뭐. 막대한 돈이 들어오는 거지. 그래가지고 뭣도 사고 뭣도 사고 다 그러는 거 아니겠어요?

이 식색食色이라는 것이 언제나 문제 아니겠어요? 식색, 이거 인생 아니겠어요? 먹는 거하고 남녀하고 밖에 모르는 것, 이것이 어리석은 사람 아니겠어요? 먹는 문제를 초월하고 남녀 문제를 초월해야 이게 도지. 금식기도라는 것도 그거 아니겠어요? 먹는 문제하고 남녀 문제를 초월하는 것이 금식기도 아니겠어요? 석가 6년 고행이라는 것도 그거지 뭐 다른 게 없잖아요? 언제나 식과 색을 초월해야 진리와 생명이 나오지, 식과 색을 초월하지 못하면 진리와 생명이 어디서 나오겠어요?

그래서 오세다의誤世多矣, 세상을 못 쓰게 만드는 사람들이 참 많다. 종교 때문에 망하는 나라들이 많다.

　　명백사달明白四達. 무소불통야無所不通也.
　　이이무지위지즉포일의而以無知爲知則抱一矣.

명백사달明白四達이란 무소불통야無所不通也다. 통했다는 말이다. 다시 말하면 이이무지위지而以無知爲知야. 무지와 지를 둘 다 가지는 거야. 즉포일의則抱一矣, 그렇게 해야 하나가 되는 거야. 그렇게 해서 하나가 되는 거야. 형이상학과 형이하학, 둘 다 해야 된다.

　　생지축지生之畜之.
　　언조화지간言造化之間. 생양만물야生養萬物也.
　　조물하상시지이위유造物何嘗視之以爲有.
　　하상시지이위능何嘗恃之以爲能.
　　수위만물지장雖爲萬物之長.
　　이하상유재제만물지심而何嘗有宰制萬物之心.
　　여차이후위지현묘지덕如此而後謂之玄妙之德.

생지축지生之畜之라는 건, 언조화지간言造化之間, 자연에 있어서, 생양만물야生養萬物也, 모든 만물을 낳고 기른다는 말이다.

조물하상시지이위유造物何嘗視之以爲有, 조물이 어찌 그것을 보고 자기 것이라고 하겠는가. 자연이지, 자기 것이 아니다. 하상시지이위능何嘗恃之以爲能, 어찌 그걸 기르고서 자기가 했다고 그러겠는가.

수위만물지장雖爲萬物之長, 아무리 만물의 장이라고 해도 하상유재제만물지심何嘗有宰制萬物之心, 어찌 자기가 만물의 주인이라고 할 수 있겠는가. 주인은 하나님뿐이지, 사람은 주인이 될 수 없다.

여차이후如此而後, 이렇게 안 후에야 위지현묘지덕謂之玄妙之德, 사람다운 사람이 될 수 있다.

차장지의대저주어무위이위此章之意大抵主於無爲而爲.
자연이연自然而然.
무위자연즉기심상허無爲自然則其心常虛.

차장지의대저주어무위이위此章之意大抵主於無爲而爲, 이 장을 한마디로 말하면 무위이위無爲而爲 자연이연自然而然이야. 기독교로 말하면 무위이위無爲而爲 하는 건, 전능이란 말이고, 자연이연自然而然 하는 건 전지란 말이에요. 전능과 전지. 기독교는 일신론이기 때문에 하나님은 전지전능하다 이건데, 자연이라고 하는 건 범신론이기 때문에 이럴 때 자연이란 무엇인가? 자연이란 전지전능이라 이렇게 된다. 왜? 신이니까. 신이니까 전지전능이지. 자연즉신이니까.

기독교는 아버지 그렇게 생각하고, 노자에서는 어머니라 그렇게 생각하는데, 아버지도 전지전능이지만 어머니도 전지전능이다, 그렇게 생각하면 되죠. 여기서 자연이라고 할 때는 우리가 일반적으로 생각하는 자연하곤 조금 개념이 달라요.

요전에 그랬지만 능산적 자연, 모든 자연을 창조하는 자연, 그걸 자연이라 그래요. 능산적 자연, 소산적 자연. 조물주와 피조물, 그 차이거든. 우리가 해석할 때는 그런 식으로 개념을 가지고 해석하면 돼요. 꽃나무 보고 자연이라 그러는 게 아니라 저 꽃나무를 만든 자연, 그걸 여기서 자연이라 그래요. 이 자연이란 무위이위 자연이연이다. 전능하고 전지하다. 무위자연無爲自然, 전능전지한즉則 기심상허其心常虛야. 그 마음이 언제나 텅 비어있다, 사랑으로 꽉 차있다. 언제나 사랑으로 꽉 차있다.

> 고이신재백 故以神載魄. 이불이백재신 而不以魄載神.
> 차성인지사 此聖人之事. 이백재신즉착적의 以魄載神則著迹矣.

고故로, 그렇기 때문에 신재백神載魄, 언제나 정신이 육체를 지배해야 돼. 불이백재신不以魄載神, 육체가 정신을 지배하면 안 돼. 정신이 육체를 지배해야지, 능산적 자연이 소산적 자연을 지배하게 돼야지, 소산적 자연이 능산적 자연을 지배하게 되면 안 돼.

차성인지사此聖人之事, 이렇게 돼야 이게 성인의 일이야. 이백재신以魄載神, 육체가 정신을 지배하게 되면 즉착적의則著迹矣, 그건 죄악이야. 그건 잘못된 거야.

노자일서老子一書.
대저지시능실이허大抵只是能實而虛. 능유이무能有而無.
즉위지도즉위지도則爲至道. 종설횡설縱說橫說. 불과차리不過此理.

노자일서老子一書, 노자의 책 하나는 대저지시능실이허大抵只是能實而虛 능유이무能有而無, 형이하만 가지고는 안 돼, 형이상도 있어야 돼. 능유이무, 형이하만 있으면 안 돼. 형이상이 또 있어야 돼. 언제나 이 두 가지가 다 있어야 돼.
즉위지도則爲至道, 이렇게 해야 그것이 진리야. 이렇게 돼야 진리야. 종설횡설縱說橫說, 이렇게도 말해보고 저렇게도 말해보지만 불과차리不過此理, 이걸 말하는 것에 지나지 않는다.

이굉보의 주

부신 지허야 夫神至虛也 · 허 즉자연 명백 虛卽自然明白.
신 지령야 神至靈也 · 영 즉자연 사달 靈則自然四達.
유기유지 惟其有知 · 시이무지 是以無知.
능무지 能無知 · 사지지의 斯知之矣.
유지 有知 · 즉백 재 신 則魄載神.
무지 無知 · 즉신 재 백 則神載魄.

자, 시간이 다 됐는데 요거 간단히 말하겠어요.

부신夫神, 신神이라고 하는 건 지허至虛야. 지허라고 하는 건 말하자면 전지全知야. 허즉虛卽, 전지이기 때문에 자연명백自然明白이야. 저절로 모르는 게 없어. 자연명백이야.

신지령야神至靈也, 지령至靈이라는 것은 전능全能이야. 허虛 자는 전지고, 영靈 자는 전능이라 이렇게 되지. 지령이야. 영즉靈則, 전능이 되면 자연사달自然四達이야. 저절로 못 가는 데가 없어. 사달四達이야.

유기유지惟其有知, 안다는 것은 시이무지是以無知야. 그건 모른다는 거야. 이때 안다고 하는 거는 분별지지. 이건 형이하만 아는 거지, 형이상을 아는 건 아니야. 그러니까 안다고 하는 거는 아직도 통일지를 모르는 거야. 능무지能無知 사지지의斯知之矣, 무지, 통일지를 알게 돼야지. 그렇게 돼야 형이하도 알게 돼. 그래서 언제나 요 둘 다 알아야 된다, 이 소리지요.

유지즉백재신有知則魄載神이야. 분별지의 세계는 형이하지.

분별지의 세계는 백재신이야. 육체가 정신을 지배하는 거야. 무지無知, 통일지의 세계는 즉신재백則神載魄이야. 정신이 육체를 지배하는 거야.

이식재의 주
성인어물 聖人於物·생지약부모 生之若父母·
축지약자손 畜之若子孫.
연생이불감이위유 然生而不敢以爲有.
위이불시이위공 爲而不恃以爲功.
장이부자이위주 長而不自以爲主.
비체현덕불능의 非體玄德不能矣.

성인어물聖人於物, 성인은 이 물건에 있어서 생지약부모生之若父母야. 낳는 건 부모같이 생각해. 축지약자손畜之若子孫이야. 기르는 건 자손처럼 생각해. 자연을 사랑해라 이거지.
연然, 그러나 생이불감이위유生而不敢以爲有, 자기가 낳았다고 해서 그걸 자기 것이라고 생각하지 않아. 위이불시이위공爲而不恃以爲功, 자기가 했다고 해서 자기 공이라고 뽐내질 않아. 장이부자이위주長而不自以爲主, 자기가 어른이라고 해서 자기 위주로 하려고 하지 않아. 비체현덕非體玄德, 현덕玄德을 체體하지 않고서는 불능의不能矣, 도저히 할 수 없는 거야. 그러니까 정말 성인이 되지 않고서는 도저히 이렇게 할 수 없다. 자기 아

들 그러면, 자기 소유라고 생각하지 그게 하나님의 아들이다 그
렇게 생각 안 한다.

필승의 주

부백지영영 夫魄之營營·일추어유 日趨於有.
이차운재자 而此云載者.
지칠정무체 知七情無體·사대본공 四大本空.
여인재어차 如人載於車·승승연무소귀 乘乘然無所歸.
화유위무 化有爲無·척정귀성 滌情歸性.
아독포지위일 我獨抱之爲一. 입도지요 入道之要.

부백지영영夫魄之營營 일추이유日趨於有, 이 육체라고 하는
건 자꾸자꾸 노력을 하는데, 영영營營이라는 건 아주 부지런히
노력한다는 거지. 추어유趨於有, 결국 형이하로 떨어지게 돼. 우
리 육체라고 하는 거, 이거 자꾸 물질적이 되고 만다. 육체라고
하는 건 돈벌이에만 자꾸 신경을 쓰게 되지, 정신적인 것에 신
경을 안 쓴다.

이차운재자而此云載者, 그래서 차운此云, 여기 지금 말한다.
재자載者, 싣는다, 혹은 탄다. 재載라는 건 지칠정무체知七情無
體, 칠정七情은 주인이 없어. 아까 내가 사단칠정四端七情이라고
썼지요. 이 칠정이라고 하는 건 주인이 없다. 사대본공四大本空,
이 육체라는 것도 주인이 없어. 칠정도 주인이 없고, 사단도 주

인이 없어. 불교식으로 하면 오온본시공五蘊本是空이지. 사대원무주四大元無主지.

칠정도 주인이 없고, 사대도 주인이 없어. 사대는 육체지요. 물, 불, 돌, 바람, 지수화풍地水火風이라는 거지. 사람의 몸은 지수화풍이니까. 이 지地, 이거 누구의 지인가? 주인이 없어. 사람 속에 물이 흘러가는데 이거 누구의 물인가? 주인이 없어. 그러니까 다 주인이 없다. 사대원무주야. 사대도 주인이 없어.

여인재어차如人載於車, 사람이 차를 타듯이, 사람이 자동차를 운전하듯이 이 육체를 승승연무소귀乘乘然無所歸야. 자꾸 훈련시켜야 돼. 자동차를 타고 자꾸 연습을 하듯이 이 육체를 자꾸 훈련시켜야 돼.

피아니스트는 손가락을 자꾸 훈련시켜야 돼. 손가락을 자꾸 훈련시키면 나중엔 베토벤 손가락처럼 되고 말아. 이 손가락이 그만 음악이 되고 말아. 무용하는 사람이 몸 전체가 하나의 정신이 되고 말아. 그러니까 육체를 정신으로 바꿔놔야 된다 이거죠. 자동차를 내 몸뚱이로 바꿔놔. 자동차가 단순한 쇳덩어리가 아니야. 그게 내 발이야. 내 발이나 같은 거야. 비행기도 내 발이나 같은 거야. 자, 그래서 승승연무소귀乘乘然無所歸야. 이거 자꾸 훈련시켜가지고 내 것으로 만들어야 돼.

그래서 화유위무化有爲無야. 유를 변화시켜서 무로 만들어야 돼. 육체를 변화시켜서 정신으로 만들어야 돼. 피아노가 예로

들기 제일 좋지요. 손가락을 자꾸 훈련시켜가지고 이것을 아주 음악으로 만들어야 돼. 이거 유명한 말이에요. 화유위무야. 육체를 변화시켜서 정신으로 만들어야 돼.

더 다르게 말하면 척정귀성滌情歸性이야. 사단칠정 하는데 그거 칠정을 자꾸자꾸 훈련하고 깨끗이 해가지고 척滌 자는 깨끗하게, 우리의 감정을 자꾸자꾸 순화시켜서 무엇으로 만드나? 귀성歸性이야. 하나님께서 우리에게 주신 그 천성으로 이걸 바꿔놔야 돼. 다 마찬가지야. 이게 소위 퇴계가 말하는 사단칠정이라는 거지. 사단이라는 건, 성이라는 거고, 칠정이라는 건 정이라는 거지. 이 정을 자꾸자꾸 훈련시켜가지고 나중엔 성을 만들어야 한다. 다 같은 말이죠. 그러니까 우리의 육체를 정신으로 바꿔놔야 돼.

그렇게 해서 아독포지위일我獨抱之爲一, 자동차가 내 발이 돼야 해. 자동차가 내 발이 된 다음에 입도지요入道之要야. 그렇게 하고 고속도로로 나가야지, 자동차가 발이 안 됐는데 고속도로로 나가면 파출소로 기어 들어가고 말아. 그러니까 포지위일, 자동차가 내 몸이 된 다음에 입도入道야, 고속도로로 나가라 이거지.

제11장

무無란 무엇인가?

모든 유有를 있게 하는 텅빈 것이다.

第十一章 三十輻

三十輻共一轂. 當其無·有車之用.
埏埴以爲器. 當其無·有器之用.
鑿戶牖以爲室. 當其無·有室之用.
故有之以爲利. 無之以爲用.

언제나 1장, 2장, 3장. 그다음에 4장, 5장, 6장. 그다음에 7장, 8장, 9장. 또 그다음에 10장, 11장, 12장, 그런 식으로 셋이 이렇게 끊어지는 거예요.[1]

셋의 내용은 언제나 네모, 세모, 동그라미. 세모가 높은 산, 에베레스트 산이죠. 에베레스트에서 물이 자꾸 흘러내려와서 만물이 잘 사는 이상세계가 건설되는 거지요.

중국이라는 땅도 에베레스트에서 내려오는 양자강 물 때문에 살아가는 거죠. 메콩 강, 인도의 갠지스 강, 다 마찬가지죠.

1. 〈제13강 2005년 4월 24일〉

그러기 위해선 반드시 높은 산이라야 되는데, 왜 높은 산이라야 되냐 하면 산꼭대기에 얼음이 있어야 되니까. 얼음이 녹아야 물이 되지, 얼음이 없으면 그냥 마르고 마니까, 모든 만물이 다 죽고 마는 거지요. 모든 만물이 살려면 높은 산이 있어야 하고, 그 산에는 얼음이 있어야 하죠. 얼음은 수증기가 하늘의 구름이 되고, 그것이 얼음이 되어서 산꼭대기에 있는 거니까. 이 네모는 하늘을 가리키는 것이고, 세모인 산은 땅을 가리키는 거지요. 그리고 이 동그라미는 이상세계인데 사람을 가리키는 거지요.

우리가 주역 배울 때는[2] 언제나 천지인天地人 삼재三才 그렇게 했지요. 화엄경 배울 때는 복판 가운데 높은 산이 부처이고, 하늘이 심心이고, 이상세계를 물건 물物 자, 물이라 해서 심心, 불佛, 물物, 이렇게 됐죠.

그리고 양명학이 되면,[3] 심心은 같이 심이라 그리고, 불이라는 말 대신에 지행합일이라 하고, 사람 대신에 치양지致良知라 하죠. 각각 말은 다르지만, 내용은 결국 다 같아요.

그래서 언제나 1·2·3장, 4·5·6장, 7·8·9장, 그리고 10장은 철인에 대해서, 오늘 하는 11장은 절대자에 대해서, 12장은

---

[2] 저자는 1996년 3월부터 1998년 10월까지 이화여대 대학교회 연경반에서 주역을 강의함. 이 강의는 김흥호, 『주역 강해』 전 3권(서울: 사색출판사, 2003)으로 나와있다.
[3] 저자는 1992년 3월부터 1994년 4월까지 이화여대 대학교회 연경반에서 왕양명의 『전습록』을 강의함. 이 책은 〈김흥호 사상 전집〉 기획에 의해 사색출판사에서 곧 출간 예정에 있다.

무란 무엇인가 229

이상세계에 대해서, 그렇게 언제나 셋을 갈라 생각해야 돼요.

삼십폭공일곡三十輻共一轂. 당기무當其無·유차지용有車之用.

삼십폭三十輻, 폭은 자전거 살 같은 거죠. 자전거에는 여러 개의 살이 있지만, 옛날 수레에는 보통 살이 서른 개가 있었어요. 그건 왜 그랬나 하면, 한 달이 삼십 일이니까 달구지라 그랬지요. 그 달구지에는 살이 서른 개가 있었어요. 삼십 폭 하는 것은 서른 개 살이 공일곡共一轂, 곡轂이라는 건 바퀴 한 복판 가운데 살이 모이는 데, 그걸 바퀴통이라고 그러나? 하여튼, 그 복판 가운데 살이 모이는 거, 그걸 곡轂이라 그래요.

그런데 그 곡 속에는 복판 가운데 구멍이 하나 뚫렸죠. 그 구멍이 뚫려야 거기로 축이 지나가니까. 차축이 지나가야 바퀴가 돌지, 축이 지나가지 못하면 바퀴가 돌지 않지요. 구멍이 하나 뚫려서 축이 그곳으로 지나가니까 유차지용有車之用, 차가 제대로 차 구실을 한다.

연식이위기埏埴以爲器. 당기무當其無·유기지용有器之用.

연식埏埴이라는 건 찰흙을 이겨서, 이길 연埏, 찰흙 식埴 자지요. 그냥 보통 모래 섞인 흙 가지고는 안 되죠. 찰흙이 있어야 도자기를 만드니까. 찰흙을 이겨서 이위기以爲器, 그릇을 만드는데, 당기무當其無이다.

나는 도자기 만드는 거 잘 모르지만 도자기의 틀이라 그럴 수도 있고, 그렇지 않으면 도자기의 그 빈 데가 그릇의 용을 하는 거다 이래도 좋고. 하여튼 당기무當其無, 그 빈 데가 유기지용有器之用, 그릇의 용이다. 동그랗게 들어가는 구멍이 없으면, 아무 쓸데없는 거죠. 반드시 도자기는 입이 있어야 하고, 배가 있어야 하고, 그래서 그 입속으로, 뱃속으로 물건을 넣어둬야 하니까.

착호유이위실鑿戶牖以爲室. 당기무當其無· 유실지용有室之用.

착호유鑿戶牖, 착鑿은 쪼아낸다. 호戶는 들어가고, 나오는 문, 유는 빛이 들어오는 창, 그래서 착호유鑿戶牖, 들어가는 문이 있고, 빛이 들어오는 창을 가져야 위실爲室, 실이 방으로서의 용도가 되는 거죠. 만일 빛이 들어가지 못하면 방이 안 되죠. 그러니까 당기무當其無, 창이라든가, 문이라든가, 그런 무가 있어야 유실지용有室之用, 방의 구실을 한다.

고유지이위리故有之以爲利.
무지이위용無之以爲用.

무란 무엇인가 231

고故로, 그렇기 때문에 유지이위리有之以爲利, 방이라 하면 방의 담벼락, 그것은 이리가 되고, 무지이위용無之以爲用, 방의 창은 용用이 되고, 그래서 이 사람(노자)은, 유有는 이리가 되고, 무無는 용用이 된다, 이렇게 한 거죠.

소자유의 주

비유즉무무이치기용 非有則無無以致其用.
비무즉유무이시기리 非無則有無以施其利.
성인상무이관기묘 聖人常無以觀其妙.
상유이관기교 常有以觀其徼.

비유즉무非有則無, 유가 아닌즉 무라. 만일 벽이 없으면 무이치기용無以致其用, 창도 그 용을 다할 수 없다. 담벼락이 없는데 창을 어디 달겠어요? 문을 어디에 달 거예요? 담벼락이 없으면 창도 없고, 문도 없는, 그냥 다락이 되고 마는 거지. 비유즉무非有則無, 유가 없으면 무이치기용無以致其用, 제 구실을 할 수가 없다. 비무즉유非無則有, 무가 아닌즉 유라. 무이시기리無以施其利, 그 유라는 것도 그 이리를 베풀 수가 없다. 그러니까 유도 제 구실을 할 수가 없다.

성인聖人은 언제나 상무常無, 무라는 걸 가지고, 이관기묘以觀其妙, 창문을 통해서 밖에 있는 꽃구경을 할 수 있다. 창문이 없으면 밖에 있는 꽃이 아무리 잘 펴도 쓸데가 없는 거지. 그러니까 상무, 문을 통해서 이관기묘以觀其妙, 그 아주 멋있는 꽃을 구경할 수 있다.

상유常有, 또 담이 있기 때문에 관기觀其, 이거 요徼라고 읽어도 되고, 교라고 읽어도 되는데, 오늘은 '교'라고 읽어 둡시다. 관기교觀其徼, 교라고 하면 구멍 교徼 자니까, 짐승들도 구멍에 들어가서 잔다는 말이지. 새도 구멍 속에 들어가서 딱 자거든. 그러니까 담이 있어야 사람이 들어가서 잘 수 있는 구멍의 역할을 할 수 있다.

이거 우리가 1장에서 상무이관기묘, 상유이관기교, 그렇게 했지요. 했는데 오늘은 그것을 유라, 무라, 이렇게 설명하는 거예요. 그런데 그걸 담을 가지고, 방을 가지고, 혹은 도자기를 가지고, 혹은 수레를 가지고 비교하는 거죠. 수레에도 무가 없으면 안 되고, 도자기에도 무가 없으면 안 되고, 방에도 무가 없으면 안 되고, 다 그렇게 해서 무하고 유하고의 관계를 잘 설명했어요.

여길보의 주

성인입이미상유물 聖人入而未嘗有物·
소이위무지지용 所以爲無之之用.

출이미상무물 出而未嘗無物·
소이위유지지리 所以爲有之之利.
고왈 故曰. 정의입신 精義入神·이치용 以致用.
이용안신 利用安身·이숭덕 以崇德.

성인聖人은 언제나 들어갈 때는 미상유물未嘗有物, 담만 있으면 안 된다. 소이위무지지용所以爲無之之用, 반드시 문이 있어야 방의 구실을 할 수 있다.

출이出而, 나갈 때는 미상무물未嘗無物, 반드시 담이 있어야 한다. 소이위유지지리所以爲有之之利, 그래야 방에 물건도 넣어 두지, 담이 없으면 아무것도 둘 수 없다. 그러니까 들어올 때는 창문이 있어야 하고, 나갈 때는 담이 있어야 하고, 언제나 그렇다.

요거 난 지금 창문이니 담이니 그랬는데, "유물有物"할 때 '물'을 신발이라고 해도 돼요. 미상유물, 들어갈 때는 신발을 벗어야 하고, 미상무물, 나갈 때는 신발을 신어야 하고, 그렇게 해석해도 돼요.

또 신발이라는 말 대신에 말이라고 해도 돼요. 들어갈 때는 말에서 내려야 하고, 나갈 때는 말을 타야 하고. 이게 소위 퇴계와 율곡이 말하는, 둘에서 하나, 하나에서 둘, 늘 이것이 나오지요. 그래서 말을 타느냐, 말에서 내리느냐. 이기理氣, 기이氣理, 이걸 소위 이기설理氣說이라 그러죠. 그러니까 기氣라고 하는 것을 말이다 이렇게 보는 거지. 이리라고 하는 건 타는 거고, 그래서 율곡은 기발이승氣發理乘이지, 퇴계는 이발기발理發氣發이지. 이게 성리학에 있어서는 아주 굉장히 큰 문제죠.

고왈故曰, 그렇기 때문에 정의입신精義入神 이치용以致用, 이치를 깊이 연구해서 실제로 이용하는 것이다. 과학은 4차원의 이치를 깊이 연구한다. 텔레비전에 보니까 요새 아인슈타인 얘기를 자꾸 하데요. 4차원의 원리를 깊이 연구한다. 철학도 또 4차원의 원리를 밤낮 말하고 있어요. 하이데거니, 화이트헤드니, 다 4차원의 세계니까, 종교라는 것도 계속 4차원 얘기죠.

이거 지금 우리가 말하는 것도 4차원 얘기죠. 무하고 유가 하나는 시간이고, 하나는 공간이죠. 이것도 지금 4차원 얘기죠. 이 노자사상도 결국 4차원 얘기고, 불교도 4차원 얘기고, 유교도 4차원 얘기에요. 다 4차원 얘기죠. 종교적으로나 철학적으로는 이 4차원 얘기를 옛날부터 해왔는데, 과학적으로는 요새 와서야 하게 되고, 또 그것을 계산으로 할 수도 있게 되고, 지금 그렇게 된 거죠. 그러니까 무유의 관계는 결국 4차원의 관계라는 거죠.

정의입신精義入神, 과학도, 철학도, 종교도, 예술도 자꾸 파고들어가서 입신이야. 아주 신통하는 경지에까지 도달해야 그게 결국 상무이관기묘가 되는 거지. 사람은 철학을 통해서, 과학을 통해서, 예술을 통해서, 종교를 통해서, 예술의 신비, 철학의 신비, 과학의 신비, 종교의 신비, 그런 신비의 세계를 발견해 내는 거죠.

요새 아인슈타인의 4차원 얘기를 자주 하는데, 불란서의 생명철학자, 아인슈타인하고 만나서 아인슈타인은 이건 진짜다 그러고 그 사람은 이건 가짜다 그러고 서로 싸운 사람이, 생명철학자, 불란서의 유태사람, 앙리 베르그송이죠. 그 베르그송하고 아인슈타인하고 둘이 만나서 4차원 가지고 서로 싸운 얘기가 있거든요.[4]

그땐 그랬는데 요새는 과학이 자꾸자꾸 발달해서 가속기라는 걸 만들어가지고, 사실 우리가 광속으로 어딜 간다 하는 건 불가능한 얘기죠. 베르그송은 그건 불가능하다. 아무리 기차가 빨라진들 광속을 낼 순 없지 않느냐. 그건 그냥 너 혼자 머릿속에 가지고 있는 거지, 그건 현실화 될 수 없다, 그랬지요.

요새 포항공대에도 가속기가 하나 들어왔어요. 내가 전에 미국 갔을 때, 40년 전인데, 그때 미국에서 한창 연구한 게 가속기였어요. 내 집안의 조카도 가속기 전문하는 학자여서 그때 그 가속기에 대해서 나한테 설명을 많이 해줬어요. 질량과 가속도가 같다고도 그러고, 여러 가지를 말했어요. 그땐 무슨 말인지 모르겠던데 요새 포항공대에서 하는 얘기를 들어보니까, 그때 들었던 말들이 그거 정말 그렇구나 하고 다시 생각나더라고.

---
[4] 앙리-루이 베르그송(Henri-Louis Bergson, 1859~1941): 그는 63살 되던 해에 아인슈타인과 시간 개념에 대한 유명한 논쟁을 벌였다. 『지속과 동시성』이 그 책이다.

미국에선 이미 40년 전에 그게 굉장히 중요한 연구 과제였거든요. 그래서 미국서는 일개 대학에도 가속기를 가지고 있는 그런 정도였어요. 그런데 우린 포항공대에 가속기가 들어온 게 10년 되었다고 하니까, 우린 지금 아인슈타인 얘기를 자꾸 하게 되는 거지요.

자, 정의입신精義入神이야. 요새는 가속기가 나와가지고 정의입신이야. 4차원의 세계를 수학적으로 풀 수 있게 그렇게 됐다 이거죠.

이치용以致用, 그걸 이젠 실제로 이용하고 있다. 이용안신利用安身 이숭덕以崇德, 이건 과학, 철학, 이런 세계가 아니고, 태권도, 검도, 유도, 혹은 농구, 축구, 이런 거지. 육체적인 거죠, 결국엔. 육체적인 것이 자꾸 발달하면, 안신이숭덕安身以崇德이야. 자기 몸도 보호할 수 있는 것뿐만 아니라 그것 가지고 국가의 위상도 높일 수 있는 그런 경지에까지 갈 수 있는 거지.

그러니까 하나는 밖으로, 몸은 밖으로 나가서, 안신이숭덕安身以崇德이 되고, 또 하나는 안으로 들어가서 정의입신이 되고. 그래서 이 둘이 합해야 상무 관기묘, 상유 관기교, 이렇게 되는 거죠. 이 둘이 합해야 4차원이 되는 거죠.

오유청의 주

인지실복유기 人之實腹有氣·소이존신 所以存身·
소위위리 所謂爲利.
허심무물 虛心無物·소이생기 所以生氣·소위위용 所謂爲用.

인지실복유기人之實腹有氣 소이존신所以存身, 사람은 언제나 배가 튼튼하고 언제나 뱃심이 있어야 한다. 배가 튼튼하고 기운이 있어야 사람의 몸이 제대로 유지된다. 그것이 소위所謂 위리 爲利란 말이다.

허심무물虛心無物, 또 사람은 마음이 텅 비고 욕심이 없어야 소이생기所以生氣, 정신이 깰 수 있다. 정신이 깨어야 위용爲用, 정말 무의 세계를 갈 수 있다.

설군채의 주

호거유무이언 互擧有無而言.
고기지의실즉유이발명무지위귀 顧其指意實卽有而發明無之爲貴.
개유지위리 蓋有之爲利·인막부지 人莫不知.
무지위용 無之爲用·개홀이불찰 皆忽而不察.

호거유무이언互擧有無而言, 언제나 유가 있을 때는 무가 있고, 무가 있을 때는 유가 있고. 요샛말로 하면 시간이 있을 때는 공간이 있고, 공간이 있을 때는 시간이 있고. 우리는 늘 시간과 공간이 떨어져 있다 이렇게 생각했거든. 그런데 요새는 그게 아니에요. 시간이 있는데 공간이 있고, 공간이 있는데 시간이 있고, 시간이 휘면 공간도 휘고, 공간이 휘면 시간도 휘고, 이런 식으로 시공을 하나로 볼 수 있게 그렇게 됐죠. 호거유무이언, 그래서 언제나 시간과 공간을 한꺼번에 말한다.

고기지의顧其指意, 그 뜻이 무엇인가 하면 실즉유이발명實即有而發明 무지위귀無之爲貴, 시간과 공간이 하나로 되어야 4차원의 세계가 나타나는 거다. 그걸 보통 즉유증무即有證無, 이렇게 말한다. 즉유증무即有證無, 유에 즉해서 무를 증하는 거고, 무에 증해서 유에 즉하는 거고. 이것이 소위 4차원의 세계라는 거지. 노자에선 언제나 즉유이증무 이렇게 말하죠.

개유지위리蓋有之爲利 인막부지人莫不知, 유有가 유리하다는 것은 사람으로선 다 안다. 그러나 무지위용無之爲用, 무의 소용이라는 건, 개홀이불찰皆忽而不察, 다 소홀히 해서 모르고 있다.

그러니까 육체에 대한 관심은 많은데 정신에 대한 관심은 참 적다는 거죠. 돈 벌려고 하는 사람은 많은데 연구하려고 하는 사람은 참 적어요. 사람은 물질세계에 자꾸 떨어지지, 정신세계로 가기가 참 어려워요. 정신세계가 있어야 물질세계가 나오는 건데, 그걸 거꾸로 해서 자꾸 물질세계만 가지려고 하면, 정신세계 나오기가 어려운 거죠. 그렇게 하면 물질세계가 더욱 안 나와요. 정신세계가 나와야 물질세계가 나오지, 물질세계만 가지고는 정신세계는 안 나오죠. 사람들은 정신세계를 소홀히 하는데 그것은 잘못이다, 그런 뜻이지요.

권재구의

轂. 車中之容軸者也. 軸輪之股也. 轂惟虛中. 故可以行車. 埏埴. 陶者之器也. 虛而員. 故可以成器. 戶牖. 室中之通明處也. 此三者・皆是譬喩虛者之爲用. 故曰有之以爲利. 無之以爲用. 車器室. 皆實有之利也. 而其所以爲車爲室爲器. 皆虛中之用. 以此形容一無字. 可謂奇筆.

자, 그럼 20페이지 임희일의 주석,

곡轂. 차중지용축자야車中之容軸者也. 축륜지고야軸輪之股也. 곡유허중轂惟虛中. 고가이행차故可以行車.

곡轂이라는 건 뭔가? 차중지용축자야車中之容軸者也, 축을 꿰는 구멍을 곡이라고 한다. 구멍을, 축을 꿰는 수레통을 곡이라고 한다. 축軸은 윤지고야輪之股也, 바퀴하고 바퀴 사이를 이어주는 쇠막대기다. 곡유허중轂惟虛中, 곡 속에는 반드시 축을 꿰어야 되는 텅 빈 구멍이 있어야 한다. 고故 가이행차可以行車, 그래야 차가 갈 수 있다.

연식埏埴. 도자지기야陶者之器也. 허이원虛而員.

고가이성기 故可以成器.
호유戶牖. 실중지통명처야室中之通明處也.

연식埏埴 도자지기야陶者之器也, 연식은 도자의 기器다. 도자기로 만든 그릇인데 허이원虛而員, 텅 비고 둥글어야, 고故 가이성기可以成器, 그릇이 될 수 있다.
호유戶牖 실중지통명처야室中之通明處也, 호유戶牖, 문과 창은, 실중지통명처야, 빛을 내는 곳이다. 빛을 내고 사람이 드나드는 곳이다.

차삼자此三者. 개시비유허자지위용皆是譬喩虛者之爲用.
고왈유지이위리故曰有之以爲利. 무지이위용無之以爲用.
차기실車器室. 개실유지리야皆實有之利也.
이기소이위차위실위기而其所以爲車爲室爲器.
개허중지용皆虛中之用.

차삼자此三者, 이 세 가지는, 개시비유皆是譬喩 허자지위용虛者之爲用, 다 무엇을 말하려는가 하면, 텅 빈 데가 있어야 된다는 것을 말하려고 그러는 거다.
고故, 그렇기 때문에 유지이위리有之以爲利 무지이위용無之以爲用, 이 두 가지, 차기실車器室 개실유지리야皆實有之利也, 차기실에는 담벼락 같은 게 있어서 유지리가 되는 거다. 이기

소이而其所以 위차위실위기爲車爲室爲器, 그런데 그것이 제대로 쓰이기 위해서는 반드시 개허중지용皆虛中之用, 무가 있어야 한다.

이차형용일무자以此形容一無字. 가위기필可謂奇筆.

이차형용以此形容, 이것을 가지고 일무자一無字, 무라고 하는 것이 무엇인가, 그것을 이 사람(노자)이 설명했는데 가위기필可謂奇筆, 정말 기가 막히는 비유다.

어떻게 노자가 이렇게 4차원을 설명했는지, 정말 기가 막힌다, 그런 얘기에요.

제12장

사람의 길

밖에 정신이 팔려서
속에 있는 정신을 잊어먹게 되어서는 안 된다.

第十二章 五色

五色令人目盲.
五音令人耳聾.
五味令人口爽.
馳騁田獵令人心發狂.
難得之貨·令人行妨.
是以聖人爲腹不爲目. 故去彼取此.

오색영인목맹 五色令人目盲.

 오색五色은[1] 물론 다섯 가지 색이라는 말이지만, 여기서는 결국 사람의 눈을 멀게 하는 그런 것을 오색이라고 말하는 거죠. 사람이 돈에 그만 눈이 멀면 돈이 오색일 것이고, 남녀에 눈이 멀면, 남녀가 오색일 것이고, 무엇이든지 사람의 눈을 멀게 하는 것, 그 멀게 하는 것을 다르게 말하면, 정신을 나가게

---
1. 〈제13강 2005년 4월 24일〉

하는 것이란 말이지요. 사람의 정신을 빼먹는 것, 그것이 세상에 많다는 거지. 오색이라는 것이 사람의 눈을 멀게 만들고.

오음영인이롱五音令人耳聾.

오음五音이라는 건, 요새 음악 그러면 사람의 정신을 빼는 음악들이 있잖아요. 사람의 정신을 빼는 음악들이 있고. 그래서 귀를 멀게 하고.

오미영인구상五味令人口爽.

오미五味, 맛이 사람의 정신을 빼는, 상爽 자는 흐릴 상, 그래도 되고, 빼버릴 상, 그래도 되고. 그러니까 사람의 정신을 빼버린다.

치빙전렵영인심발광馳騁田獵令人心發狂.

치빙전렵馳騁田獵, 옛날 사람들은, 그때는 치빙전렵, 말을 타고 산에 가서 노루 잡고, 여우 잡고, 또 그런 데 정신이 팔렸다. 요샌 골프하는 데 정신이 팔렸지만, 옛날 사람들은, 골프는 없었으니까 그때는 사냥에 정신이 팔렸다. 그래서 영인심발광슴人

心發狂, 사람을 그만 미치게 만든다.

난득지화難得之貨·영인행방令人行妨.

난득지화難得之貨, 얻기 어려운 돈, 돈 때문에, 영인행방令人行妨, 사람이 사람의 길을 가지 못하고 그만 정신이 나가고 만다. 그래서 사람을 죽이기도 하고. 어제도 어린아이를 유괴했다가 10시간 만에 풀어줬다고 해요. 요새 이 돈 때문에 정신 나간 사람들이 보통 많지 않죠.

시이성인위복불위목是以聖人爲腹不爲目.

시이是以로, 그렇기 때문에, 성인聖人 위복爲腹 불위목不爲目, 성인은 언제나 정신을 중요하게 생각하지, 그렇게 정신 빼먹는 물질을 중요하게 생각하지 않는다.

고거피취차故去彼取此.

고故, 그렇기 때문에 거피취차去彼取此, 정신을 빼먹는 물건들은 버리고, 정신이 드는 것만 가져야 된다, 그런 얘기죠.

권재구의

目盲. 謂能惑視也. 耳聾. 謂能惑聽也. 口爽. 失正味也. 心發狂. 不定也. 行妨. 謂妨害德行也. 此五者. 皆務外而失內. 腹·內也. 目·外也. 聖人務內不務外. 故去彼而取此. 彼上五者也. 此道也. 老子諸章. 結語多精絶. 務外亦不特此五事. 擧其凡可以類推.

목맹目盲. 위능혹시야謂能惑視也.

목맹目盲, 눈이 멀었다는 것은, 위능혹시야謂能惑視也, 눈이 먼 것이 아니라 그만 정신이 멀었다는 거다.

이롱耳聾. 위능혹청야謂能惑聽也.

이롱耳聾, 귀가 먹었다는 것도, 위능혹청야謂能惑聽也, 마찬가지로 정신이 먼 것이다.

구상口爽. 실정미야失正味也.

구상口爽 실정미야失正味也, 맛을 잃었다는 것이 아니라 정신을 잃었다는 것이다.

심발광心發狂. 부정야不定也.

심발광心發狂 부정야不定也, 마음이 미쳤다는 것도 또 정신이 나갔다는 것이다.

행방行妨. 위방해덕행야謂妨害德行也.

행방行妨, 아까 돈 때문에 인간의 길을 가지 못한다는 것도, 위방해덕행야謂妨害德行也, 덕행이라는, 사람이 갈 길을 가지 못한 것이다.

차오자此五者. 개무외이실내皆務外而失內.

차오자此五者, 이 다섯 가지는 개무외이실내皆務外而失內, 다 그만 밖에 정신이 팔려서 속에 있는 정신을 잊어먹어서 그렇다.

복腹·내야內也. 목目·외야外也.

여기서는, 정신은 안이라. 복복은 안이라고 생각하고, 눈은 밖이라고 생각했다는 거다. 그렇게 비유를 했다.

성인무내불무외聖人務內不務外. 고거피이취차故去彼而取此.
피상오자야彼上五者也. 차도야此道也.

성인聖人은 무내불무외務內不務外라. 언제나 속을, 정신을 중요하게 생각하지, 껍데기를 중요하게 생각하지 않는다. 고故로, 그렇기 때문에 거피이취차去彼而取此, 껍데기를 내버리고 속을 취한다. 피상오자彼上五者, 여기 다섯 가지는, 피彼는 밖에 있는 것 다섯 가지이고, 차此는 안에 있는 정신이고, 그래서 그걸 도道라 그런다.

노자제장老子諸章. 결어다정절結語多精絶.
무외역불특차오사務外亦不特此五事.
거기범가이유추擧其凡可以類推.

노자제장老子諸章, 노자의 많은 장章이 결어다정절結語多精絶, 결론은 아주 참 기묘하다. 무외역불특차오사務外亦不特此五事, 밖이라고 해서 물론 이 다섯 가지뿐만은 아니다. 그 밖에 사람의 정신을 빼먹는 게 한없이 많다. 거기범가이유추擧其凡可以類推, 요 다섯 가지를 생각해보면, 그 밖의 것도 짐작이 가지 않겠는가.

소자유의 주

시색視色·청음聽音·상미嘗味·
기본개출어성其本皆出於性.
방기위성이미유물야지의方其爲性而未有物也至矣.
목탐불능수目貪不能受·복수이미상탐腹受而未嘗貪.
성응어내性凝於內.

시색視色, 보는 것. 청음聽音, 듣는 것. 상미嘗味, 맛보는 것. 이건 오관이라는 건데, 기본개출어성其本皆出於性, 본래는 인간의 본성이지. 보는 것이 나쁜 것도 아니고, 듣는 게 나쁜 것도 아니고, 만지는 것도 나쁜 것이 아니지. 본래 인간이 가지고 있는 본능이죠.

방기위성方其爲性, 본래 그것이 인간의 본능일 때에는 이미 유물야而未有物也, 밖에 있는 물질에 의해서 유혹을 받는 건 아무것도 없다. 그럴 때는 지의至矣, 지극히 좋은 거지.

목탐目貪 불능수不能受 복수이미상탐腹受而未嘗貪, 눈이 얼마나 중요해요. 눈이 그냥 보는 눈만이라면 아무 문제가 없지. 그런데 눈이 그만 미치게 되면 이것이 문제지. 목탐불능수目貪不能受, 눈이 그만 미치게 되면 제대로 제구실을 할 수가 없다. 복수이미상탐腹受而未嘗貪, 그러나 정신이 온전하면 절대 미치는 법은 없다. 성응어내性凝於內, 그건 자기 정신이 안에 확고하게 배어있기 때문이다.

여길보의 주

목지소이위목 目之所以爲目·색색이비색 色色而非色.
속호오색 屬乎五色·실기소이위목 失其所以爲目·
무이맹 無異盲. 복무지 腹無知. 목유견 目有見.
성인위복불위목 聖人爲腹不爲目.
거피유견유욕지추구 去彼有見有欲之追求.
취차무지무욕지허정 取此無知無欲之虛靜.

목지소이위목目之所以爲目, 눈이 눈 구실을 하려면, 색색色色, 색을 제대로 분간해서 색을 제대로 봐야 한다. 그런데 이비색而非色, 색을 제대로 보지 못하고, 속호오색屬乎五色, 오색에 그만 정신이 나가게 되면, 실기소이위목失其所以爲目, 눈이 제대로 눈 구실을 못하게 되는 거다. 무이맹無異盲, 그건 소경이나 다름없다. 그러니까 눈 감은 장님보다도 눈 뜬 장님이 더 무서운 거지. 그렇잖아요. 눈 감은 장님은 사람 죽이거나 그러진 않잖아요. 그런데 이 눈 뜬 장님들이 사람을 죽이고 야단이지.

복무지腹無知, 무지無知라고 할 때는 통일지를 가진다는 거를 뜻한다. 복은 통일지란 말이다. 목유견目有見, 목이라는 건 분별지를 말하는 거다. 통일지와 분별지. 정신은 통일지고, 정신이 나가면 분별지가 되는 거죠. 정신이 들어오면 부자유친인데, 정신이 나가면 부자가 원수가 된다, 그런 말이죠.

성인聖人은 위복爲腹, 통일지지 불위목不爲目, 분별지는 아니다. 성인은 다른 사람하고 친하게 지내지, 다른 사람하고 원수가 되지 않는다.

거피去彼, 분별지를 버리라는 말은 유견유욕지추구有見有欲之追求, 견見과 욕욕의 추구를 버리고 취차取此, 통일지를 취해라. 결국 무지무욕지허정無知無欲之虛靜, 무지, 무욕의 허정虛靜을 가져라. 제정신을 가지라는 얘기다.

이식재의 주
복자수이불취 腹者受而不取·납이불류 納而不留·
이족이무정 易足以無情. 전내이망외 專內而忘外.

복자腹者 수이불취受而不取, 정신이라는 것은 받아도 그것을 자기 것이라고 그러지 않아. 납이불류納而不留, 자기가 가지고 있어도 자기 거라고 오래 머물게 하지도 않아. 이족이무정易足以無情, 그래서 욕심에, 감각에 그런 데 빠지지 않는다. 전내專內, 언제나 자기 정신을 차리지, 이망외而忘外야. 밖에 있는 것에 흔들리지 않는다.

오유청의 주

유동이미상이정 惟動而未嘗離靜·
수동불착어물 雖動不着於物 · 담연무욕의 湛然無欲矣.
염진축경 染塵逐境 · 개실기정 皆失其正 ·
요재어목 要在於目.

유동이미상이정惟動而未嘗離靜, 움직여도 절대 정을 떠나지 않아. 수동불착어물雖動不着於物, 움직여도 사물에 집착하지 않아. 그래서 담연무욕의湛然無欲矣라. 마음이 언제나 조용하고 맑아서 아무 욕심이 없다.

염진축경染塵逐境, 만일 이 티끌세계에 빠지고 티끌세계를 쫓아다니기 시작하면, 죄악 세상에 빠지고 이 죄악을 쫓아가기 시작하면, 개실기정皆失其正이야. 제대로 사람의 정신을 가질 수 없게 돼. 요재어목要在於目, 언제나 우리가 주의해야 할 것은 눈을 주의해야 돼. 왜? 이것이 감각의 제일 처음이야. 불교의 팔정도八正道에서도 맨 처음에 정견正見, 이렇게 나와요. 정견, 정사正思, 이렇게 되죠. 제일 중요한 것이 눈이야. 정신이 나가는 것은 눈에서부터 시작한다. 요재어목要在於目, 언제나 눈을 조심해야 한다.

찾아보기

책·작품명

ㄱ
국가   10

ㄴ
노자권재구의   15, 17, 19
노자권재구의   13~5, 17, 19, 21
노자익   13~5, 60
노자익·장자익   15
논어   66

ㄷ
대학   66
도덕경   14~5, 18, 20~1, 156

ㄹ
로마서   85

ㅁ
마태복음   121
맹자   51, 68, 70
맹자 진심   61, 68, 70
묘법연화경   81
무량수경   84

ㅂ
반야심경   26, 36, 111
법화경   36, 81

법화경 강해   36

ㅅ

사기   18
사도행전   39
사변록   156
사색   5
삼자권재구의   19
서전   186,
서전 대우모   166, 202
순수이성비판   209
신주도덕경   156

ㅇ

열자   19, 120
열자권재구의   19
이천격양집 자여음   41

ㅈ

장자   6, 8, 15, 19, 33, 43, 58~60, 76, 186
장자 대종사   33
장자 제물론   59
장자 천운편   58, 60
장자 천지편   59
주역   10, 19, 20, 61, 66, 81, 98, 229
설괘전   81
주역 강해   81, 229
중용   26, 66, 203

ㅎ

화엄경   28, 36, 42~3, 68, 122, 205, 229
화엄경 강해   36

인명

ㄱ

간디　95, 212
공자　7, 8, 11, 18, 48~9, 61, 66, 76, 103, 120~21, 180, 201, 204
권재　10~5, 17~22, 31~3, 55~6, 58, 71, 100, 135, 138, 162, 165, 167, 176, 198, 241, 249, 256~58
김흥호　5, 36, 81, 229

ㄴ

니체　98

ㄷ

데카르트　212
두도견　120
두보　140

ㄹ

라이프니츠　34, 212

ㅁ

문왕　63
미켈란젤로　130, 182

ㅂ

바울　38~9, 127, 212
박세당　156
베르그송　236
베토벤　130, 224

ㅅ

석가　12, 18, 102, 187, 201, 205, 217

설군채　238
소동파　158
소자유　15, 45, 157~58, 165, 180, 232, 252
소크라테스　10~1, 66
순임금　202
스탈린　160
스피노자　92, 212
신불해　73

ㅇ

아리스토텔레스　91~2
아인슈타인　212, 235~37
여길보　15, 44, 114, 143, 184, 233, 253
예수　24~5, 30, 33, 37~40, 66, 85~6, 89~92, 94, 102, 121, 126, 136, 205, 212
오유청　238, 255
왕순보　61, 66
왕양명　61, 110, 229
왕원택　187
요임금　52, 62~3, 70~1, 186, 202
유방　174
유영모　12, 20, 101, 133
율곡　106, 116, 234~35
이굉보　42, 158, 221
이식재　222, 254
임희일　15, 19, 55, 75, 241

ㅈ

장량　174~75
정구　141
정이천　41
조주　103
주자　55, 105~06

ㅋ

칸트　181, 209, 212
칼라일　179
키르케고르　9, 182~83

ㅌ

퇴계　27, 116, 180~81, 225, 234~35

ㅍ

파스칼　182
플라톤　10, 92
플로티누스　96
필승　223

ㅎ

하이데거　7, 97, 113, 235
한비자　73
한신　174
한퇴지　55
항우　174
현재 김흥호　20~1
헤겔　182
화이트헤드　235

용어

ㄱ

건강한 육체　192~94
건강한 정신　192~94
걸식계　187
견성지명　132, 139, 196

고복격양 70
곡신 6, 79~80, 92, 94~6, 102, 120
곡신불사 80, 95
공산주의 112
공즉시색 116
과학 53~4, 67, 180~81, 183~84, 199, 202, 204, 235~37
과화 61, 65~9, 71, 75, 78
과화존신 61, 68
그리스도 24~5, 30, 39, 85, 89, 92~3, 116, 125
근본경험 6, 8
금식기도 216
기독교 8, 12, 20, 24, 37, 38, 41, 49, 83~6, 88~90, 92~4, 97~8, 106, 109, 113, 116, 125~26, 131, 141, 150, 171, 196, 213, 215, 218~19
기발이승 106, 235
기자승어부 30

ㄴ

남녀관계 212~16
노자사상 235
노자의 사상 7, 12, 34, 86~7
노자의 생각 170
노자의 세계 49
노자의 자연 114
노자의 책 220
노자의 특별한 깊은 뜻 199
노자 철학의 뿌리 108, 113
노장사상 14, 20, 86
능산적 자연 92, 219~20

ㄷ

다신론 97~8
다언삭궁 55
대승 85
대통령 24, 29, 115, 134, 172

도가도　6, 76
도교　8, 19, 84, 93~4, 100, 148~49, 151~52
도심유미　202~03
도충　26~7, 87
독립　24, 85, 109~11, 113~14, 117, 144
동이유출　7, 54, 105

ㄹ

로고스　41~2

ㅁ

모름지기　209
모순　23, 25~6, 34, 43, 115~18, 138, 144
모순의 자기통일　144
묘만물　81~4, 88~9, 92, 98
묘유　27, 84, 88~9, 124, 138~39
무극　6, 49, 80~1, 88~9, 98, 104, 108, 114, 125~27
무묘　106
무분별　209
무불위　8, 210
무신론　97~8
무아　188~89
무욕　253~55
무위　7~8, 24, 49~51, 57, 84~5, 87~9, 113, 151~53, 191, 194~95, 210~11, 218~19
무위자연　7, 49~51, 57, 84~5, 113, 151~53, 218~19
무유의 관계　235
무의 발견　123, 128
무의 세계　238
무저항　160
무지　105, 119, 191, 196, 208~09, 217, 221, 231~34, 238~39, 242, 253~54
물질세계　239~40
민주주의　65
밀이　188~89

ㅂ

발분망식　103
범신론　92, 95, 97~8, 219
법계　11, 110~11
복지국가　65
본각　36~7
본질직관　6~8
부쟁　7, 148~49, 152, 155~61, 163, 166
부처　28, 85, 92~3, 102, 109, 116, 131, 151, 205, 229
분별심　208
분별지　196, 207, 209, 221~22, 253~54
불교　11, 19~20, 25~6, 37, 83~4, 86, 91~5, 97, 109~10, 115~16,
　　　131, 138, 141, 148, 151, 205, 208, 224, 235, 255
불생불멸　25~6, 36, 111, 113
불유구　204
불혹　204

ㅅ

사단칠정　106, 180, 223, 225
사대본공　223
사대원무주　224
사명　130~34, 144, 170~71, 196
삼강오륜　93
삼십폭　230
삼위일체　89~90, 150
상선약수　7, 148~49
색즉시공　116
생명　5, 9, 37, 85, 106, 118~19, 171, 196, 217, 236
성리학　41, 105~06, 235
성인　14, 24, 28, 42~3, 51, 57, 61, 63, 66~9, 72, 76, 85, 125, 129,
　　　132, 135, 137, 143, 159~60, 165, 167, 200, 219~20, 222,
　　　232~34, 248, 251, 253~54
소산적 자연　219~20
소질　129~34, 144, 170
순수이성　209, 257~58

신본주의　151
신생천지후　41
신통묘용　130
심불물　11
십자가　37, 85~90, 126~27

　　　　ㅇ

아들 하나님　150
아버지 하나님　150
양명학　20, 229
양생론　106
어머니 신　79, 94~5
어머니 하나님　150
에베레스트　28, 33, 109~11, 114, 130, 228
여민동락　29
영묘　106
영생　81, 85, 88~9
예술　69, 180~83, 189, 202, 204, 213, 235
오색　246~47, 253
옥토　47, 63~8, 157
왕도정치　52, 62
우주즉신　95
원리　235
유교　19~20, 26, 42, 61, 68, 93~5, 105, 148, 150~51, 235
유신론　97
유일신　91, 93, 95, 97
유정유일　202~03
유출설　96~7
윤집궐중　202~03
이기설　106, 234
이기주의　86
이발기발　106, 235
이상국가　10~1, 63~7, 71
이상세계　10~2, 14, 25, 26, 30, 59, 63, 67~8, 109~12, 114, 122,
　　　　　131, 170~71, 228~30

이순　204
이실법계　11
인간본위　92, 151
인간의 본성　252
인내천　93
인본주의　151
인심유위　202~03
인의예지　11, 48~9, 180~81
일도　85, 88~9, 136, 210
일식　20, 102
일신론　219
일언　20
일이관지　77
일인　20
일좌　20
일체무애인　85, 88~9, 210
입도지요　223, 225

ㅈ

자본주의　112
자연　7, 34~5, 49~51, 57, 81, 83~5, 88~9, 91~3, 95~7, 112~14, 135~36, 143, 151~54, 156, 165, 167, 184, 188, 213~14, 218~22
자연주의　151, 154
자연즉신　35, 92, 95, 219
자유　35, 81, 84~5, 88~9, 106, 109~14
자족　55, 169, 178~79
재영백　192, 199
전인교육　181
절대무　6~7, 103, 119
절대자　10~1, 24, 26, 28, 30, 66~8, 109~10, 112, 114~15, 117, 119, 122, 129~31, 141, 163~64, 170, 201, 211, 214, 229
정신세계　39, 239~40
종교　42, 92, 103, 180~81, 183, 185, 189, 202, 209, 212, 214, 217, 235~36

좌망 101
죽음 9, 37, 88, 166, 185
즉유증무 239
지묘 61, 66~7, 105~06, 188~89
지수화풍 224
지이영지 171~72
지천명 204
지행합일 229
진공 27, 31, 83~4, 88~9, 124, 138~39
진공묘유 27, 84, 138
진공실유 138
진리 5, 8~9, 20, 44~5, 50~1, 65, 67, 84~5, 88~9, 106, 109, 111, 113, 122, 125, 163, 171, 196, 211~14, 217, 220
진선미 110
진여 84, 109, 111~14, 120

ㅊ

차노자설문지어야 206~07
참선 20, 101~02
천국 66, 84, 118, 151~52, 196
천명지위성 129
천장 124, 128
천지 41~2, 48~51, 53, 56~7, 59, 61~2, 68, 72, 74~6, 83, 96, 98, 104, 124, 128, 135, 180
천지만물 83
천지불인 48~50, 57
천지인 108~09, 141, 229
철인 10~2, 23~6, 28, 30, 33~4, 63, 67~8, 70~1, 109~12, 114~16, 122, 129, 131, 135, 138, 158~59, 170, 229
철학 7~8, 20, 92, 96~7, 108, 113, 132, 180~81, 183~84, 187, 189, 199, 202, 204, 212, 235~37
추환 50~1
춘하추동 185, 187
출생사 43, 82, 85, 88, 89, 210
치양지 229

ㅌ

태극　48~9, 80~1, 88~9, 108, 114, 125~27
태극기　48~9, 80, 108, 127
태극점　49
통일　23, 25~6, 34, 43, 110~11, 114~16, 118, 138, 144, 173, 191, 196, 221, 253~54
통일지　191, 196, 221~22, 253~54

ㅍ

팔정도　255

ㅎ

하나님　6, 8~12, 27, 30, 37~38, 40, 42, 49, 66~9, 85~7, 89~92, 94, 103~05, 109~10, 113, 115, 118~22, 129~32, 134~36, 139, 141, 143, 150~51, 155, 163, 167, 171, 196~97, 218, 223, 225
헤탈　86
허묘　106
허무　7, 83, 88~9, 98, 105
허이불굴　7, 54, 105
형이상　10~1, 42, 67, 81, 89, 191, 199, 217, 220~21
형이하　10, 67, 191, 199, 217, 220~23
화광동진　38
휴머니즘　92, 95, 151

무지·무위·무욕
노자 · 노자익 강해
제2권

김홍호 사상 전집 · 노장사상 1

지은이 | 김홍호
발행인 | 최정식
기획 편집 | 임우식 · 이경희

1판 1쇄 발행 | 2013년 5월 20일
1판 2쇄 발행 | 2016년 3월 20일
1판 3쇄 발행 | 2024년 7월 20일

발행처 | 사색 출판사
전화 | 010-4226-0926 팩스 02-6442-9873
홈페이지 | www.hyunjae.org
이메일 | gabeim@hanmail.net
인쇄 | !nDefine

Copyright ⓒ김홍호 2013, *Printed in Korea*
ISBN 978-89-93994-16-2   04080
ISBN 978-89-93994-19-3   (세트)

*이 책은 〈김홍호 사상 전집〉 제14번째로 출판되었습니다.
*저자와의 협의에 따라 인지는 생략합니다.
*잘못된 책은 바꿔드립니다.
*이 도서의 국립중앙도서관 출판시도서목록(CIP)은 e-CIP 홈페이지
http://www.nl.go.kr/cip.php에서 이용하실 수 있습니다.(CIP제어번호: CIP2013005278)